Trockenfliege

Goldkopfnymphe

Ministreamer

Kleinfischimitation

Streamer

JOHN BAILEY

Angeln wie die Großen

Das Einsteigerbuch für Kinder und Jugendliche

Lockkörbchen

Drill eines Fisches

Sonnenbarsch

Plastikfrosch

Spinner

Wobbler

Fliegenrute

blv

Ein Dorling Kindersley-Buch
www.dk.com

Die Deutsche Bibliothek – CIP-Einheitsaufnahme

Angeln wie die Großen : das Einsteigerbuch für Kinder und Jugendliche / John Bailey. [Fotos: Steve Gorton. Übers. aus dem Engl.: Hans Eiber]. – München ; Wien ; Zürich : BLV, 2000
Einheitssacht.: The young angler <dt.>
ISBN 3-405-15793-5

Titel der englischen Originalausgabe: The Young Angler

Erschienen 1999 bei Dorling Kindersley Limited 9 Henrietta Street, London WC2E 8PS

Fotos: Steve Gorton

BLV Verlagsgesellschaft mbH
München Wien Zürich
80797 München

Übersetzung aus dem Englischen: Hans Eiber

Lektorat: Gerhard Seilmeier
Einbandgestaltung: Studio Schübel, Werbeagentur, München
Foto Rückseite Mitte: Thomas Wölfle

DTP: Satz + Layout Fruth GmbH, München
Druck und Bindung: L.E.G.O.

Printed in Italy · ISBN 3-405-15793-5

Inhalt

An alle jungen Angler

»Der Taimen ist einer der seltensten Süßwasserfische der Erde.«

»Dieser Fisch wurde in einem sehr entlegenen Fluss der Mongolei gefangen. Erst nach mehreren Reisen konnte ich ein solches Exemplar in den Händen halten.«

»Herzlichen Glückwunsch! Du hast dich also entschlossen mit dem Angeln zu beginnen. Eine faszinierende Passion! Es wird dich zu Gewässern von atemberaubender Schönheit führen, du wirst tolle Fische fangen und neue Freunde finden. Dir stehen viele aufregende Momente bevor, vielleicht wenn dein Schwimmer untergeht oder eine Forelle nach der Fliege steigt. Dann beginnt die Rolle zu singen, die Rute in deiner Hand biegt sich zum Halbkreis und dein Herz fängt wie wild an zu schlagen. In diesen Momenten weißt du ganz genau, warum du Angler geworden bist. Ich wünsche dir alles Gute und viel Petri Heil an allen Angeltagen.«

»Hier setze ich einen starken Hecht in die Ostsee zurück. Im klaren Wasser hat er einen tollen Kampf geliefert.«

»Dieser goldschimmernde Mahseer besitzt große Schuppen und mächtige Flossen.«

»Mahseer sind die gewaltigsten Kämpfer im Süßwasser. Sie bewohnen die schnellen, sauberen Flüsse in Indien. Angler aus allen Herren Länder kommen wegen dieser tollen Fische dorthin.«

»Ich muss mich hinknien, um einen wundervoll gefärbten Arktischen Saibling an einem der herrlichen Flüsse Grönlands zu landen. Obwohl wir uns hier nördlich des Polarkreises befinden, ist es noch recht warm.«

»Eine meiner Lieblingsruten – ich besitze sie seit fast zwanzig Jahren.«

»Obwohl ich gerne in fremde Länder reise, zieht es mich immer noch an die Weiher und Teiche, wo ich schon als Kind gefischt habe. Eigentlich sollte heute ein Karpfen oder eine Schleie beißen«.

Geschichte des Angelsports

Solange wie es Menschen auf dieser Erde gibt, haben sie Fische gefangen. Früher war dies einfach eine Möglichkeit an Nahrung zu kommen. Trotzdem wurde der Fischfang schon 3000 Jahre vor unserer Zeit von einigen Völkern sehr leidenschaftlich betrieben. Die Ägypter und die Römer hatten bereits ebenso viel Spaß am Angeln, wie unzählige Männer, Frauen und Kinder seither. Das verwendete Gerät hat sich seit dieser Zeit selbstverständlich entscheidend verbessert, aber auch heute noch scheint es immer noch den einen oder anderen Qualitätssprung zu machen.

Im alten Rom

Dieses Bild aus dem 3. Jahrhundert vor Christus weist darauf hin, dass die Römer viel geangelt haben. Die Reichen unter ihnen sahen das Angeln als Sport, den sie in den vielen Winkeln und Ecken ihres Imperiums ausüben konnten. Die Angelruten fertigten sie entweder aus Holz oder aus Knochen, aber die Haken waren den heutigen schon recht ähnlich.

Speere

Sie wurden seit altersher zum Fischfang benutzt und sind in der Südsee auch heute noch im Einsatz. Eine hohe Jagdkunst, denn durch die Lichtbrechung an der Wasseroberfläche wird die Position der Beute im Wasser für das menschliche Auge verfälscht.

(9.)

The Compleat Angler or, the Contemplative Man's Recreation.

Being a Difcourfe of
FISH and FISHING,
Not unworthy the perufal of moft *Anglers*.

Simon Peter *faid, I go a fifhing: and they faid, We alfo wil go with thee.* John 21.3.

London. Printed by *T. Maxey* for Rich. Marriot, in S. *Dunftans* Church-yard Fleetftreet, ~~1653~~.

Weise Worte

Der vollkommene Angler, zum ersten Mal erschienen im Jahre 1653, ist eines der berühmtesten Angelbücher das jemals geschrieben wurde. Es wurde in mehr als 300 Ausgaben aufgelegt und hält auch noch heute manch guten Rat für Angler bereit. Der Autor Izaak Walton schreibt über die Leidenschaft am Angeln und die Freude am Naturerlebnis.

Ein großer Anglerschirm schützt vor den Unbilden des Wetters.

Köder und Lockfutter werden sorgfältig zubereitet.

Angelwettbewerbe

Angelwettbewerbe sind auf den britischen Inseln sehr beliebt. In nationalen und internationalen Vergleichen geht es um wertvolle Preise. Für Friedfische wird dabei sehr leichtes Gerät verwendet, damit so viele kleine Fische wie möglich innerhalb eines bestimmten Zeitraumes gelandet werden können. Die Menge ist entscheidend.

Was ist ein Fisch?

Fische sind wundervolle, empfindsame Geschöpfe, die unsere ganze Achtung verdienen. Ihre Fähigkeit zu sehen, hören, tasten und zu schmecken ist sehr gut entwickelt. Denke daran, wenn du ans Wasser gehst. Fische bemerken dich meist eher als du sie. Auch was den Köder betrifft: Die Fische riechen sofort, wenn er nicht mehr frisch ist oder sonst irgendetwas damit nicht stimmt.

Die Welt der Fische

Über 20000 bekannte Fischarten sind bekannt – mehr als alle Säugetiere, Vögel, Reptilien und Amphibien zusammen. Es gibt die unterschiedlichsten Formen und Größen, aber sie alle haben sich ihrer Umwelt perfekt angepasst.

Anatomie

Der Körper eines Fisches ist mit sehr empfindlichen Organen wie Herz, Leber, Schwimmblase und Magen eng bestückt. Denke immer daran, wenn du einen Fisch in der Hand hältst. Solltest du ihn zu stark drücken, werden diese Organe gequetscht. Der Fisch fühlt Schmerz und kann an den Folgen sogar sterben.

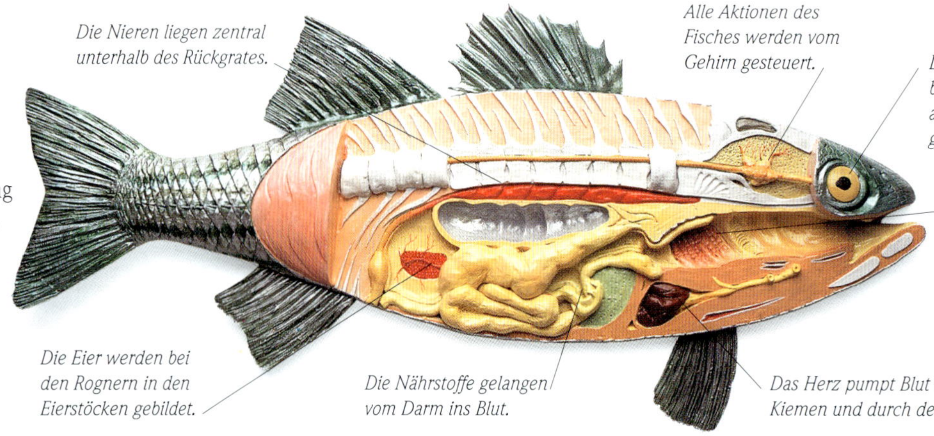

Schwimmen

Fische bewegen sich durchs Wasser, indem sie sich nach vorne drücken. Einige winden sich schlangenähnlich vorwärts, andere schlagen mit ihrer Schwanzflosse von einer Seite zur anderen. Diese Bildfolge zeigt die wellenartige »S« Bewegung, die durch einen schwimmenden Katzenhai verläuft.

Fische mögen körperliche Nähe und reiben sich gelegentlich aneinander.

Lebensgewohnheiten

Einige Fische sind Einzelgänger, aber die meisten, vor allem kleinere Arten leben in größeren Schwärmen zusammen. Schwarmbildung dient der Verteidigung. Raubfische reagieren oft verwirrt, wenn ein Schwarm plötzlich in alle Richtungen auseinander flattert. Schwarmfische besitzen starke soziale Strukturen und wenn das Wasser klar ist, kann man mitunter einen Führungsfisch erkennen, der jede Bewegung diktiert.

Laichende Forellen schlagen mit dem Schwanz Vertiefungen ins Kiesbett und legen dort ihre Eier ab.

Laichzeit

Um sich fortzupflanzen legen Fische Eier. Verschiedene Fischarten laichen zu verschiedenen Jahreszeiten. Lachse und Forellen im Winter, während Karpfen und die meisten anderen Grundfische erst soweit sind, sobald sich das Wasser im Frühjahr genügend erwärmt hat.

Lebenszyklus

Die Entwicklung vom Ei bis zum Erwachsenenalter ist für den Fisch sehr gefährlich. Nur aus einem Bruchteil der Eier schlüpfen kleine Fische. Die nebenstehende Bildfolge zeigt die Entwicklung einer jungen Regenbogenforelle.

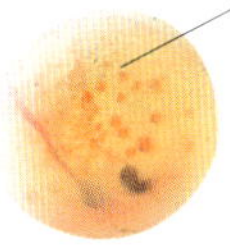

Die Blutgefäße haben sich bereits entwickelt.

1 Der Körper des Fisches nimmt in dem durchsichtigen Ei bereits Formen an. Seine Silhouette beginnt sich abzuzeichnen.

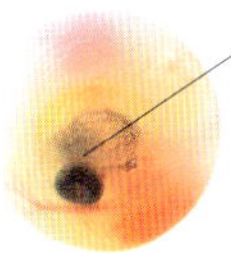

Die Augen sind klar erkennbar.

2 Die junge Forelle bewegt sich im Ei umher und befindet sich kurz vor dem Ausschlüpfen.

Der Fisch schlüpft aus dem Ei.

3 Der Fisch hat die weiche Eischale aufgebrochen und sucht sich einen Weg in die Freiheit.

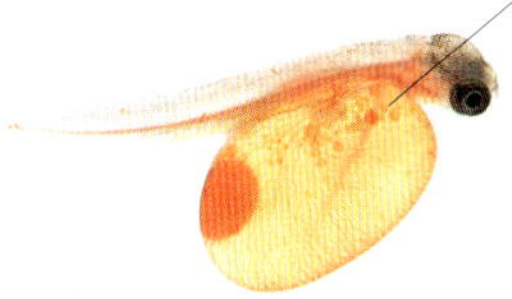

Der junge Fisch führt seine Nährstoffe im Dottersack mit sich.

4 Die gerade geborene Forelle ist geschlüpft und wird nun »Brütling« genannt. Mit der Zeit braucht sie ihren Dottersack auf.

In diesem Stadium heißt die junge Forelle »Parr.«

5 Dunkle Bänder auf dem Körper der jungen Forelle sorgen für Tarnung vor Räubern.

Der rote Streifen entlang der Seitenlinie hat der Regenbogenforelle den Namen verliehen.

6 Die erwachsene Regenbogenforelle ist ein wunderschöner Fisch. Die Weibchen legen während ihres Lebens Tausende von Eiern.

Rückenflosse

Schwanzflosse

Durch die Vorwärtsbewegung verdrängt der Fisch Wasser.

Der Kopf bewegt sich wieder nach rechts und eine weitere »S« Bewegung nimmt ihren Anfang.

Die Welle wandert in Richtung der Rückenflosse.

Jetzt wird richtig Kraft eingesetzt, denn die Bewegung der Muskeln erreicht die Schwanzflosse.

Die Welle erreicht den Schwanz und schiebt den Fisch nach vorne.

Fische und ihre Nahrung

Ein lustiges Anglersprichwort sagt, um erfolgreich zu sein, bräuchte man nur den richtigen Köder zur richtigen Zeit am richtigen Ort auf die richtige Art und Weise dem richtigen Fisch vorzusetzen! Damit das alles klappt, benötigt man allerdings eine Menge Kenntnisse über die Fische und die von ihnen bevorzugte Nahrung. Wir stellen hier vier der beliebtesten Angelfische der Welt und ihr unterschiedliches Fressverhalten vor.

Karpfen

Von allen Fischen ernährt sich der Karpfen wohl am vielseitigsten. Er frisst buchstäblich fast alles, von Wasserpflanzen bis zu kleinen toten Fischen. Statt Zähne in den Kiefern besitzt er starke Schlundzähne, die auch Muschel- oder Krebsschalen aufbrechen können.

Barsch

Ein typischer Räuber, der sich nur von lebenden Organismen ernährt. Im Jugendstadium ernährt er sich von Würmern und Insekten, sobald er aber die 20 cm Marke überschreitet, stürzt er sich mit Vorliebe auf kleinere Fische. Dabei macht er selbst vor seinen eigenen Jungen nicht Halt.

Stör

Der Stör ernährt sich vor allem von anderen Fischen, aber mit seiner langen Schnauze wühlt er auch im Bodenschlamm nach Nahrung. Er kann sein Maul teleskopartig nach außen stülpen und sein Futter einfach einsaugen. Ein 5 kg schwerer Hecht oder Karpfen stellt für diese Fische, die selbst bis zu 150 kg Gewicht erreichen können, kein Problem dar.

Ein schnell schwimmender oder hungriger Karpfen stellt seine Rückenflosse auf. Im Ruhezustand legt er sie an.

Die großen Schuppen geben dem Fisch einen gewissen Schutz. Anhand der darauf gebildeten Jahresringe kann man das Alter bestimmen.

Spiegelkarpfen lassen sich an ihrem Schuppenmuster wiedererkennen. Ähnlich wie menschliche Fingerabdrücke gleicht keines dem anderen.

Karpfen sind dickbäuchige Fische. Große Exemplare können erhebliche Mengen Nahrung zu sich nehmen.

Die große Schwanzflosse verleiht dem Fisch enorme Schubkraft.

Sonnenfische

Sonnenfische leben in wärmeren vegetationsreichen Gewässern. Hier jagen sie Insektenlarven, kleine Fische und sammeln kleine Muscheln ab, die zu ihrer Lieblingsspeise gehören. Eintagsfliegen- und Steinfliegenlarven sowie ins Wasser gefallene Fluginsekten stehen ebenfalls ganz oben auf der Menükarte.

Während der Jagd ist die Rückenflosse aufgestellt.

Die abgerundete Schwanzflosse ist relativ klein.

Selbst größere Insekten haben bei diesem Maul keine Chance.

Große Augen sorgen für ausgezeichnetes Sehvermögen.

Die dunklen Seitenbänder tarnen den Fisch vor größeren Räubern.

Eine große Afterflosse sorgt für Stabilität im Wasser.

Wenn Störe knapp unter der Wasseroberfläche jagen, zeigt sich oft ihre dreieckige Rückenflosse.

Die Knochenleiste setzt sich am oberen Rand der Schwanzflosse fort.

Nahrungsgewohnheiten

Die Art und Weise wie Fische fressen, hängt von der Form ihres Mauls ab.

Greifen

Der Hecht packt seine Beute, indem er aus dem Hinterhalt blitzartig über sie herfällt. Er öffnet die weiten Kiefer und schlägt seine nadelspitzen Zähne in das überraschte Opfer.

Schnappen

Wenn Arten wie Schwarzbarsch oder Forelle ein eben auf der Wasseroberfläche gelandetes Insekt attackieren, geht das selten lautlos ab.

Schlürfen

Karpfenartige Fische saugen ihre Nahrung zwischen die rüsselartig vorgestülpten Lippen. An der Oberfläche treibende Futterpartikel werden so unter Wasser gezogen.

Einsaugen

Viele grundorientierte Fische filtern ihre Nahrung aus dem Bodenschlamm, indem sie ihre Lippen teleskopartig ausfahren, ein Vakuum erzeugen und Wasser und Nahrung in ihr Maul saugen.

Was man so braucht

Am Anfang benötigst du nur ein paar grundlegende Dinge, wie etwa eine Rute, eine Rolle, Schnur, ein paar Posen, etwas Blei, einige Spinner und Haken. Alles das findest du in einem gutsortierten Angelfachgeschäft. Hinzu kommt warme Kleidung und ein stabiler Gerätekasten für alles Kleinzubehör. Ein Faltstuhl ist ganz praktisch! Aber gehe nicht überladen ans Wasser. Du möchtest ja mobil bleiben und nicht dauernd nur an einer Stelle angeln.

Deine Ausrüstung

Wenn du glaubst alles Zubehör zusammen zu haben, solltest du es vor dem ersten Fischgang zu Hause am Boden ausbreiten. Hier kannst du es auf Vollständigkeit überprüfen und dich mit den einzelnen Teilen vertraut machen.

Deine erste Rute sollte leicht und bequem zu handhaben sein. Gib gut auf sie acht!

Die Sitzgelegenheit für Angler muss leicht, robust und preiswert sein.

Ein stabiler Gerätekasten nimmt alle Kleinteile auf.

Zum Grundangeln benötigst du einen Rutenständer.

Köderkatapult

Schnur

Rolle

Köderbox

Polarisationsbrille

Möchtest du von einem Boot aus angeln, solltest du unbedingt eine Rettungsweste tragen.

Fische stehen auf Leckerbissen, die auch wir mögen. Unter anderem Käse und Würstchen!

Trocken- und Nassfliegen sollte man in getrennten Dosen unterbringen. Die Fliegen immer gut austrocknen lassen, damit sich kein Rost ansetzen kann.

Mit verschiedenen Posen kann man sich schnell unterschiedlichen Wasser- und Wetterbedingungen anpassen.

Wähle eine Kopfbedeckung mit breitem Rand, die dich vor Blendung schützt.

Ein Fernglas ist zwar nicht unbedingt notwendig, aber erfahrene Angler suchen damit das Wasser nach Anzeichen von Fischen ab.

Sicherheit geht vor

Wenn du am oder im Wasser stehst, musst du immer die Strömung richtig einschätzen. Auch die Tiefenverhältnisse können sich schnell ändern.

Wathose

Mit einer Wathose hast du den Vorteil nahe an die Fische heranzukommen und den Köder an vielen guten Stellen anbieten zu können. Aber sei vorsichtig! Wate nicht einfach in einen Bereich, den du nicht kennst!

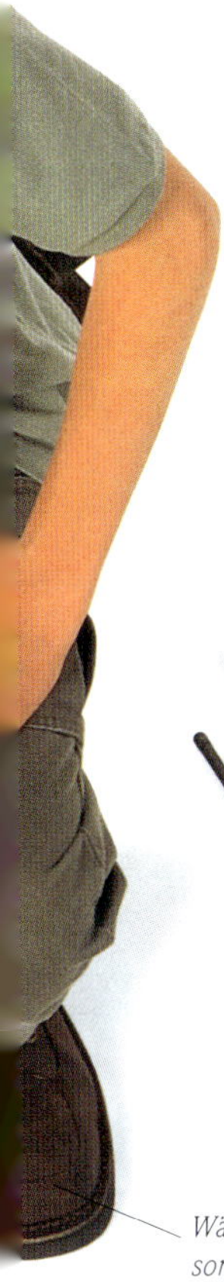

Durch das atmungsaktive Gewebe dieser Wathose kommt man auch beim Gehen an Land nicht ins Schwitzen.

Trage mehrere dünne Kleidungsstücke übereinander. So kannst du dich gezielt der jeweiligen Witterung anpassen.

Gute Gummistiefel sind aus echtem Kautschuk.

Hüftstiefel

Im flacheren Wasser sind Hüftstiefel ideal. Sie sollen leicht aber robust sein. Auf griffige Sohlen kommt es besonders an.

Handschuhe

Wird einem beim Angeln kalt, macht es keinen Spaß mehr und man will nach Hause. Finger und Zehen frieren zuerst. Dicke Socken und Handschuhe schaffen Abhilfe.

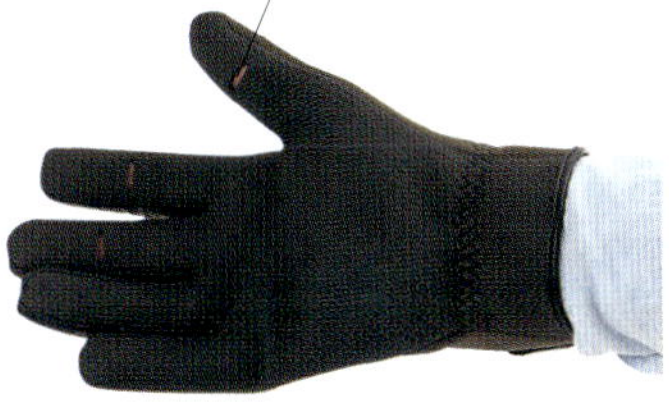

Durch diesen kleinen Schlitz hält man Fühlung zur Schnur.

Handschuhe aus Neopren isolieren gegen Kälte und weisen Wasser ab.

Daumen und Fingerkuppen können zurückgefaltet werden.

So kann man Knoten binden oder den Köder am Haken anbringen ohne die Handschuhe ausziehen zu müssen!

Wähle deine Schuhe sorgfältig aus. Achte auf rutschsichere Sohlen.

Deine Rute ist besonders wertvoll. Nach dem Fischen solltest du sie reinigen und in einem Futteral unterbringen.

in weiches knotenloses Netz chont den Fang. Einen Fisch den an zurücksetzen möchte, sollte an noch im Wasser abködern.

Eine Auswahl Posen für unterschiedliche Bedingungen.

Bleischrot in verschiedenen Größen brauchst du vor allem zum Posenfischen.

Gerätekasten

Wenn ordentlich gepackt wird, bringt man hier eine ganze Menge Kleinteile unter. Lege alle Dinge nach Gebrauch wieder an ihren Platz zurück. Der klare Deckel sorgt auch in geschlossenem Zustand für einen schnellen Überblick.

Angelausrüstung

Deine Ausrüstung richtet sich danach, ob du hauptsächlich im Süß- oder im Salzwasser fischen wirst. Lege dir preiswertes aber verlässliches Gerät zu. Besonders wichtig sind gute Schnüre und Haken, denn wenn sie versagen ist der Fisch verloren. Gute Händler beraten dich richtig. Sie wissen, ein zufriedener Kunde kommt wieder.

Spinnrute

Die meisten Spinnruten sind relativ kurz. Man kann sie auch in beengten Verhältnissen, zum Beispiel unter überhängenden Bäumen, bequem handhaben.

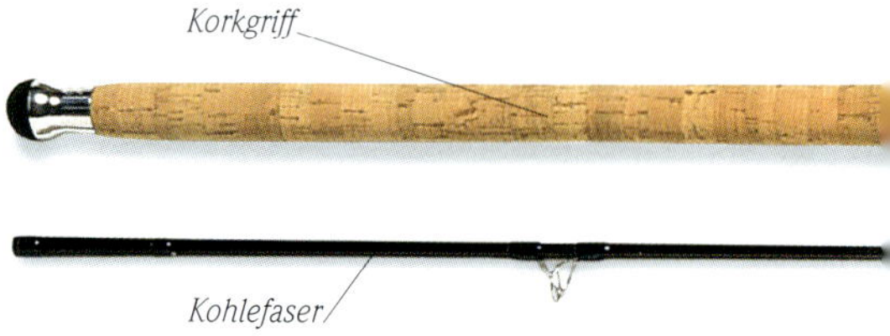

Stationärrolle

Einer der beliebtesten Rollentypen zum Spinn- und Köderangeln. Die Bedienung ist leicht zu erlernen und mit der fein einstellbaren Schleifbremse lassen sich auch große Fische erfolgreich müde drillen.

Fliegen

Man kann die vielen tausend Fliegenmuster grob in drei Gruppen einteilen: Trockenfliegen sind Imitationen von fertigen Fluginsekten. Nymphen entsprechen Insektenlarven und Streamer sind Nachahmungen von kleinen Fischen.

Trockenfliege

Mini-Streamer

Brutfischchen

Bachflohkrebs

Streamer

Köcherfliegenlarve

Fliegenrute

Gute Fliegenruten machen einen zierlichen Eindruck, sind aber hochbelastbar. Mit einer leichten Rute kann man den ganzen Tag fischen ohne müde zu werden.

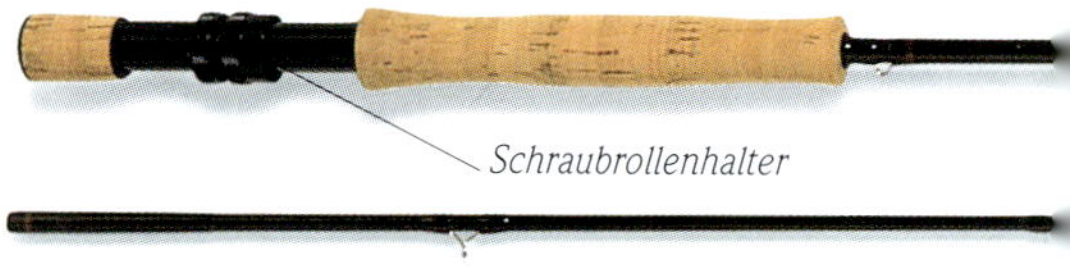

Fliegenrolle

Der Aufbau einer Fliegenrolle ist vergleichsweise einfach. Ein einfacher Klickmechanismus reicht für Forellen und Äschen, die Fische werden von Hand gebremst.

Froschimitation

Wobbler

Es gibt verschiedenste Arten von Wobblern, die einen schwimmen an der Oberfläche, die anderen hüpfen am Grund entlang. Helle, auch grellfarbene Exemplare eignen sich für trübes Wasser, unauffälligere Farben sind bei klarem Wasser besser. Lege dir eine vernünftige Auswahl zu.

Oberflächenwobbler

Flachwobbler

Posen

Es gibt unterschiedlich geformte Posen für Fließ- und Stillgewässer (siehe S. 28-29), also achte immer darauf, die passenden bei dir zu haben. Falls du nicht ganz sicher bist, beginnst du am besten zuerst mit einer etwas schwereren Pose.

Avon Pose für Fließgewässer.

Eine Zwiebel-Pose für Stillwasser.

Beschwerter Waggler für Stillwasser.

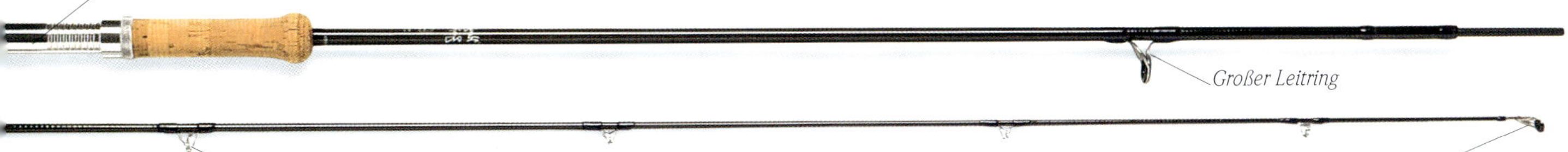

Schnurtypen

Neben dem Haken ist die Schnur der wichtigste Teil der Ausrüstung. Überprüfe sie ständig auf Verschleißerscheinungen und Schwachstellen und wechsle sie bei Bedarf rechtzeitig aus. Wähle die Schnur so stark wie möglich und so dünn wie nötig.

Beschwerung

Geschlitztes Bleischrot wird zur korrekten Beschwerung von Posen an die Schnur geklemmt. Außerdem hält es den Köder in der vorgesehenen Tiefe. Es gibt verschiedene Größen.

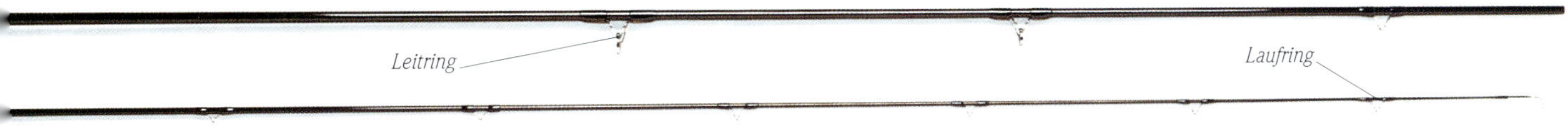

Lockkörbchen

Ein Lockkörbchen oder englisch »Feeder« genannt, wird kurz über dem Haken angebracht und mit Futterpartikel gefüllt. Es hat den Vorteil, dass der Fisch direkt in Nähe des Hakens gelockt wird. Es gibt die unterschiedlichsten Ausführungen für verschiedene Gewässerverhältnisse.

Gerätepflege

Lass deine Ausrüstung nicht in feuchten Räumen vergammeln und reinige sie nach jedem Gebrauch. Öle deine Rollen regelmäßig und bewahre die Ruten in Futteralen auf.

Hakentypen

Es gibt drei Grundtypen von Haken: Einzelhaken, die am beliebtesten sind, Doppelhaken und Drillinge. Haken gibt es in unterschiedlichen Größen, du musst darauf achten immer den zu verwenden, der zur Größe des Köders passt bzw. zu dem Fisch, den du fangen willst.

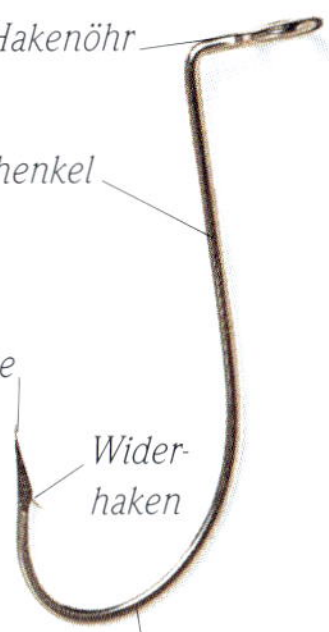

Spinner und Blinker

Diese künstlichen Köder sind für räuberische Fische gedacht, die entweder aus Hunger zubeißen oder weil sie ihr Revier verteidigen wollen. Es gibt sie in allen möglichen Ausführungen, Formen, Farben und Aktionsweisen.

Spinner

Spinner mit Gummifisch

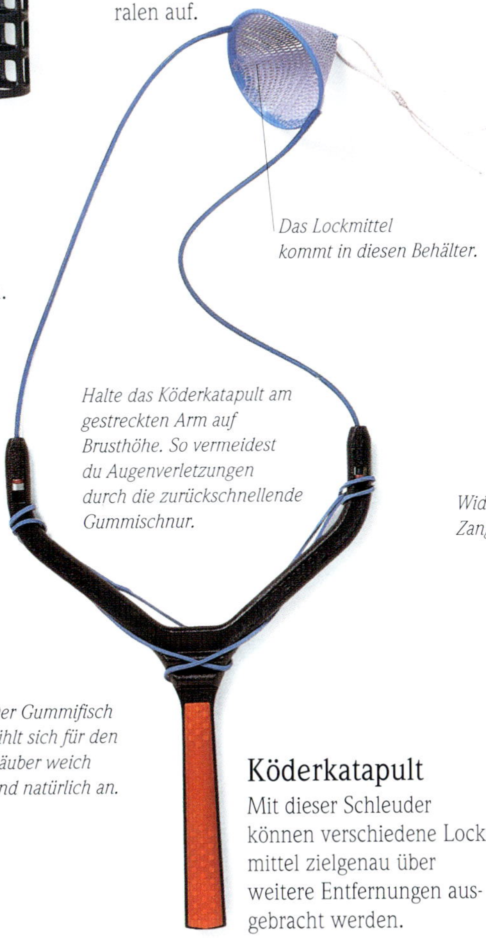

Köderkatapult

Mit dieser Schleuder können verschiedene Lockmittel zielgenau über weitere Entfernungen ausgebracht werden.

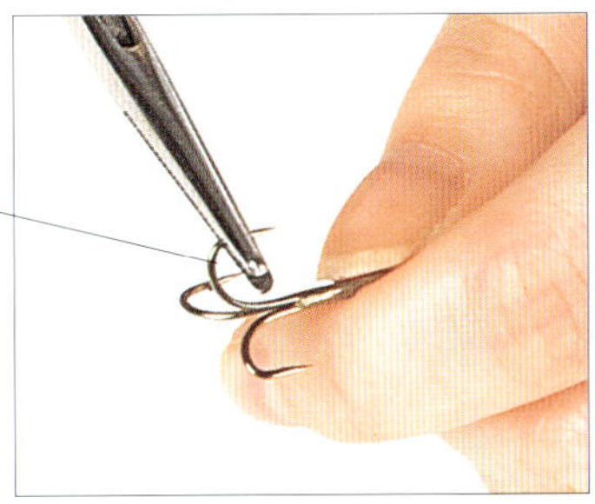

Andrücken des Widerhakens

Auch heute noch sind die meisten Haken mit einem Widerhaken versehen. In fast allen Fällen sind sie unnötig und schaden dem Fisch. Bevor du den Haken an die Schnur bindest, solltest du den Widerhaken mit einer Flachzange andrücken.

Letzte Vorbereitungen

Auf den ersten Blick wirkt die Menge an unterschiedlichem Gerät ein wenig verwirrend. Aber nach einigen Minuten wirst du den Überblick gewinnen und wissen wohin alles gehört bzw. wie es zusammengebaut wird. Stelle dir eine qualitativ hochwertige Grundausrüstung zusammen, auf die du in jeder Situation vertrauen kannst. Das raffiniertere Zubehör kommt erst später.

1 Die Verbindungshülsen der Rute müssen einwandfrei sauber sein. Stecke sie fest zusammen.

Eine leichte Spinnrute wie diese ist für Barsche und kleinere Hechte geeignet.

2 Nur wenn alle Ringe genau in einer Linie verlaufen ist zielgenaues Werfen möglich.

Rollenmontage

1 Führe den Rollenfuß bis zum Anschlag in die Aussparung am Schraubrollenhalter der Rute ein.

2 Achte auf einen festen Sitz der Rolle. Die Schnurspule muss nach vorne zeigen.

3 Sobald die Rolle festgeschraubt ist, überprüfst du ihre Funktion.

4 Im lockeren Zustand springt die Schnur gerne von der Spule.

Fertigmachen der Rute

In der Regel bestehen Ruten aus zwei oder drei Teilen, die erst zusammengesteckt werden müssen. Zum Grundangeln solltest du eine Rute von etwa 3 m Länge wählen.

3 Sobald die Rolle festgeschraubt ist, überprüfst du ihre Funktion und legst probehalber den Schnurfangbügel um.

Senke die Rutenspitze, dann kannst du die Schnur besser durch die oberen Ringe fädeln.

Reinige die Rutenringe gelegentlich mit einem Tuch und etwas Seifenwasser. Eingelaufene oder beschädigte Ringe müssen sofort ersetzt werden.

Nimm den Haken fest zwischen Daumen und Zeigefinger deiner linken Hand.

4 Sobald die Schnur durch die Ringe geführt ist, kannst du Pose, Blei und Köder am Ende der Leine anbringen.

Um die Schnur abziehen zu können, muss die Bremse oder der Schnurfangbügel geöffnet sein.

Der ideale Platz

Jetzt wird es ernst – nun heißt es die Fische finden. Stille Gewässer und breitere Flüsse können anfänglich sehr groß und unübersichtlich aussehen. Wo soll man beginnen? Jedenfalls nicht gleich an der erstbesten Stelle, sondern schau dir das Gewässer erst gründlich an. Achte auf Anzeichen von Fischen selbst oder suche die Bereiche wo sie sich verstecken könnten, wie etwa Riedbänke oder Kraut- und Seerosenfelder in Ufernähe.

Der Clinch-Knoten

Jeder Angler muss verlässliche Knoten binden können. Es gibt eine ganze Menge davon, aber man sollte sich nicht verwirren lassen. Der Klammer- oder Clinch-Knoten reicht aus, um Haken, Spinner und ähnliche Dinge sicher an der Schnur zu befestigen.

Reibung vermeiden

Feuchte den Knoten an, um die Reibung beim Zusammenziehen des Knotens zu vermindern. Dadurch wird die Schnur geschont und die Tragkraft erhalten.

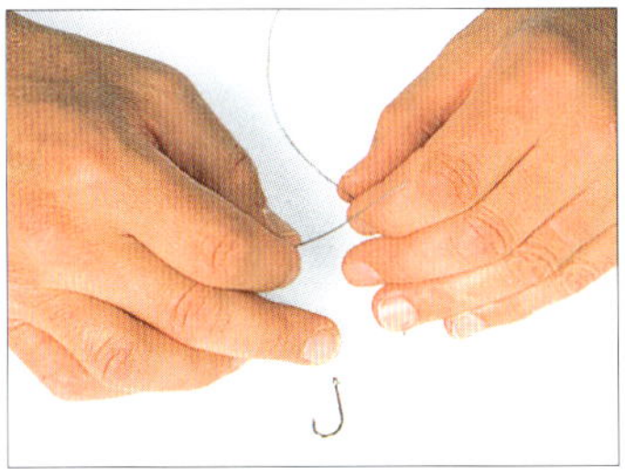

1 Ziehe etwa 15 cm Schnur durch das Hakenöhr, mache eine grosse Schlaufe und führe das lose Ende unter die Hauptschnur.

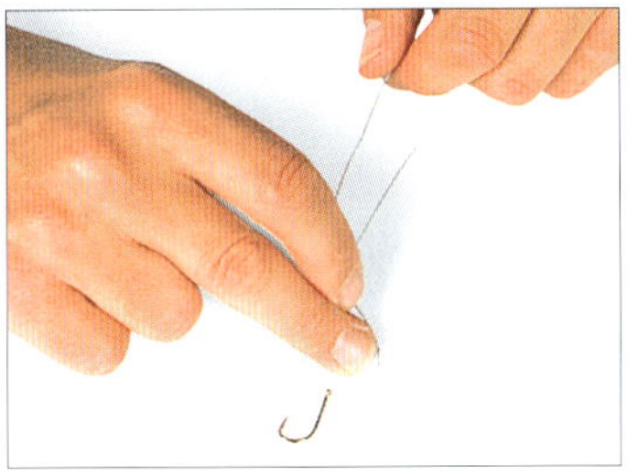

2 Mit der rechten Hand hältst du die Schlaufe offen und mit der linken Hand führst du die Hauptschnur um das lose Ende herum.

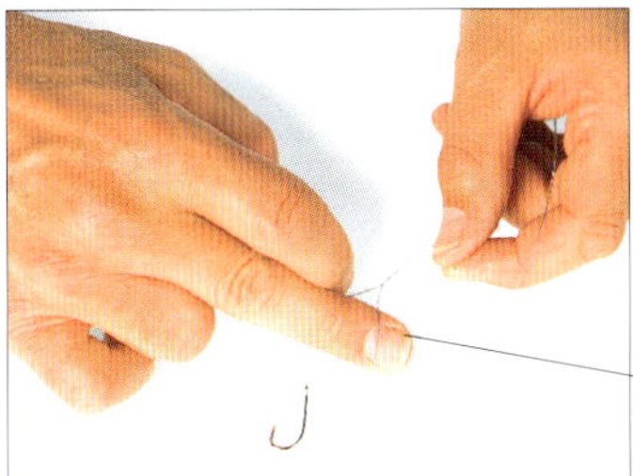

Achtung! Bleibe mit den Fingern von der Hakenspitze weg.

3 Lege fünf Windungen und halte dabei die Schlaufe vor dem Haken mit den Fingern offen.

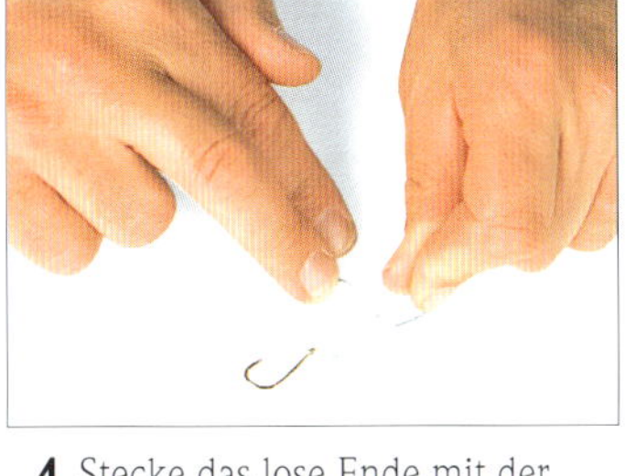

4 Stecke das lose Ende mit der linken Hand durch die Schlaufe in deiner rechten Hand.

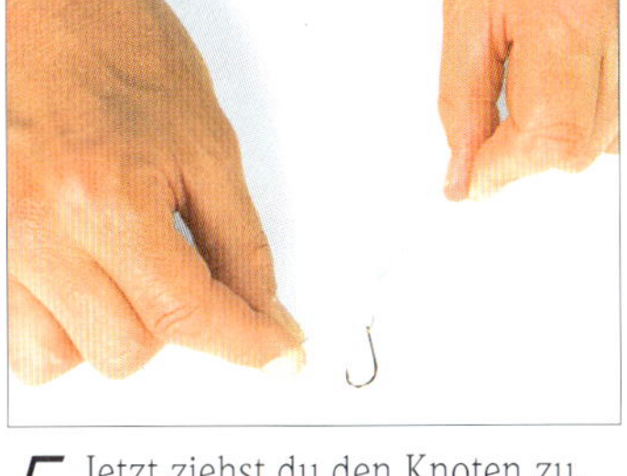

5 Jetzt ziehst du den Knoten zu, indem du mit der linken Hand an der Hauptschnur und mit der rechten Hand am losen Ende ziehst.

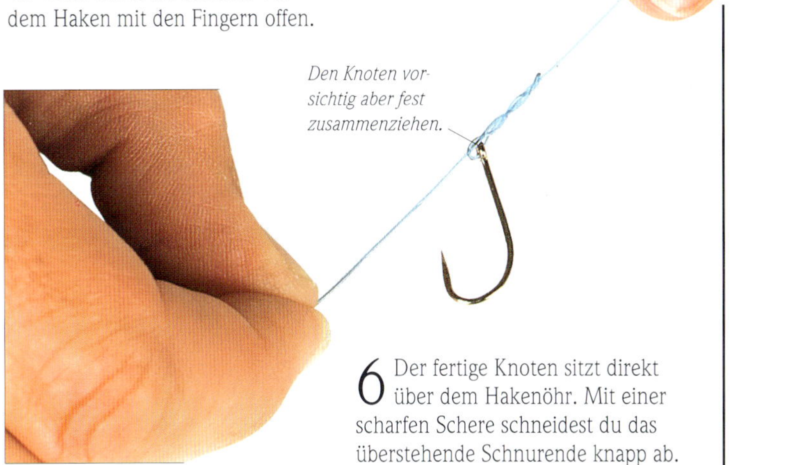

Den Knoten vorsichtig aber fest zusammenziehen.

6 Der fertige Knoten sitzt direkt über dem Hakenöhr. Mit einer scharfen Schere schneidest du das überstehende Schnurende knapp ab.

Der Basiswurf

Der Wurfvorgang selbst besteht aus einer zügigen Vorwärtsbewegung der Rute, mit der der an der Schnur befestigte Haken und Köder ins Wasser befördert wird. Eine gute Wurftechnik gehört zu den grundlegenden Kenntnissen eines jeden Anglers. Natürlich muss man üben, aber man sollte sich nicht abschrecken lassen. Mit dem heute erhältlichen modernen Gerät macht das Trainieren Spaß und der Lernerfolg stellt sich schnell ein.

Grundtechnik

Um gut werfen zu können musst du dich erst einmal bequem hinstellen. Als Rechtshänder setzt du dabei den linken Fuß etwas nach vorne. Die Wurfbewegung selbst soll gleichmäßig und nicht ruckartig erfolgen. Konzentriere dich am Anfang auf die Zielgenauigkeit und nicht auf besondere Weite. Der Köder soll dort einfallen, wo du ihn haben willst. Das ist besonders wichtig, wenn du vorher an einer bestimmten Stelle angefüttert hast. Zu Hause auf dem Rasen lässt sich diese Übung gut mit einem Eimer als Ziel durchführen.

1 Blicke immer in Wurfrichtung. Klemme die Schnur mit dem Finger gegen den Rollenfuß und öffne den Schnurfangbügel.

2 Mit Blick auf das Zielgebiet nimmst du die Rute zurück und greifst dabei das Ende des Rutengriffs mit der linken Hand.

3 Achte beim Zurücknehmen der Rute darauf, dass sich die Schnur nicht in der Rutenspitze verwickelt. Lass den Köder etwa 1 m von der Rutenspitze herabhängen.

4 Warte bis Schnur und Köder ruhi von der Spitze herabhängen. Das ist die Anfangsposition für die ent scheidende Vorwärtsbewegung.

Der richtige Griff

Mach dich so schnell wie möglich mit der Handhabung deiner Grundausrüstung vertraut. Setze Rute und Rolle bereits im Angelgeschäft zusammen, bevor du dich zum Kauf entschliesst. Entscheide dich für eine Rolle, die zur Grösse deiner Hände passt und die du leicht bedienen kannst.

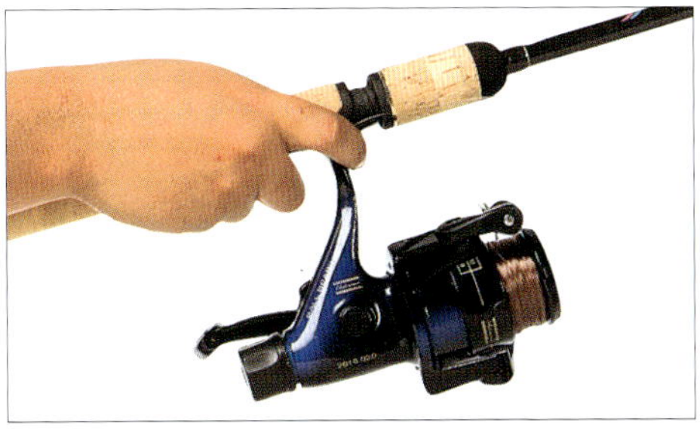

1 Halte die Rute in der rechten Hand. Der Schnurfangbügel ist noch geschlossen.

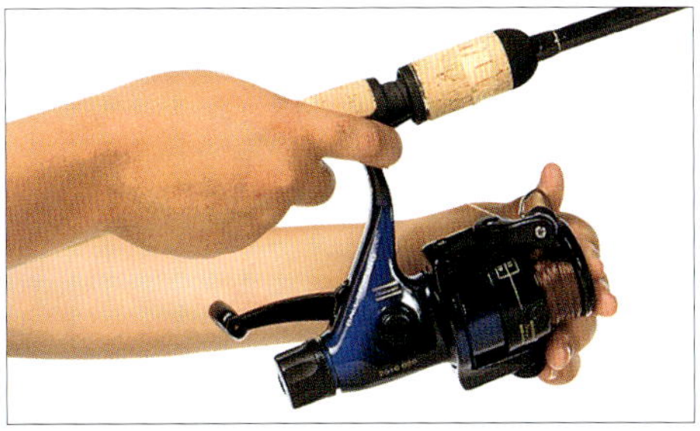

2 Klemme die Schnur mit dem Zeigefinger an den Rollenfuß. Öffne den Schnurfangbügel mit der freien Hand.

Schnurfangbügel

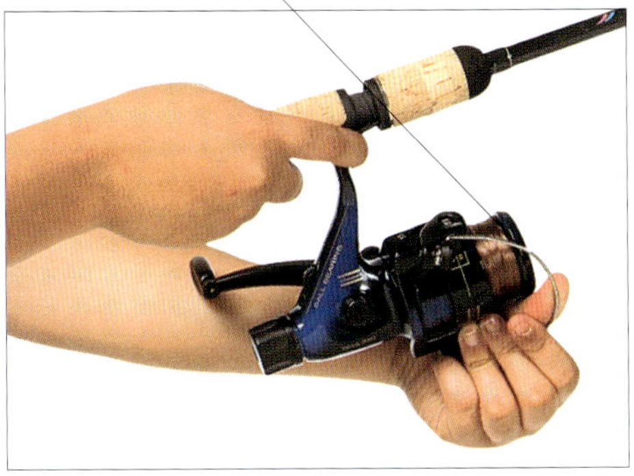

3 Klappe den Schnurfangbügel ganz zurück. Ein leichtes Klickgeräusch zeigt an, dass er ganz offen ist.

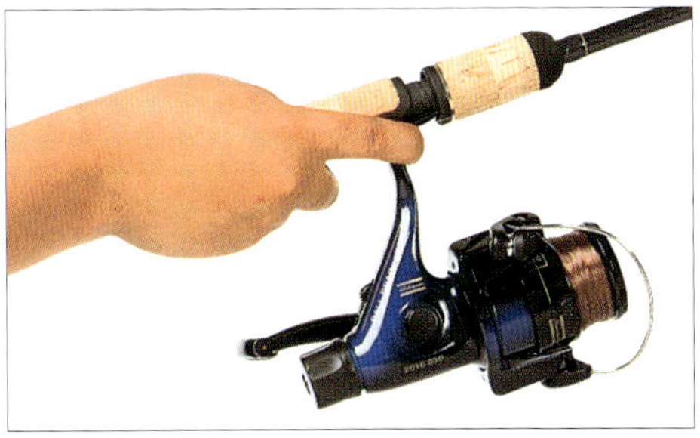

4 Jetzt bist du bereit zu werfen. Halte während des Wurfvorgangs die Schnur fest und lasse sie nicht zu früh los.

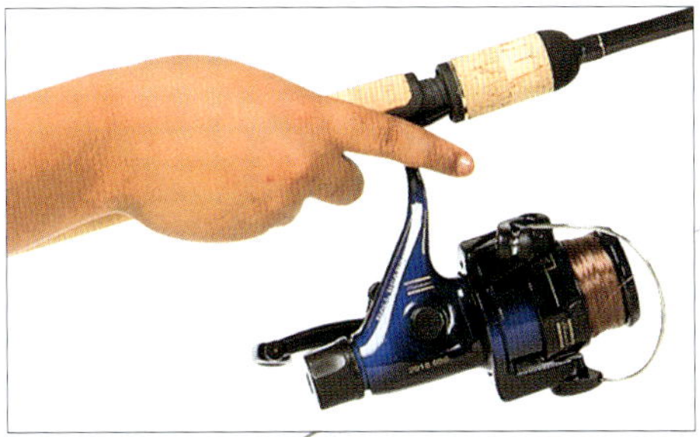

5 Erreicht die Rute die 2 Uhr Position, gibt dein Zeigefinger die Schnur frei. Der Köder fliegt nun seinem Ziel entgegen.

Gib jetzt die Schnur frei.

Verteile dein Gewicht beim Wurfvorgang auf beide Beine.

5 Stetig schneller werdend bringst du die Rute mit zügigem Schwung über deine Schulter bis fast in die 2 Uhr Position und gibst die Schnur frei.

Nachdem der Wurf beendet ist, klappst du den Schnurfangbügel mittels einer Kurbelumdrehung zurück und beginnst zu Angeln.

6 Am Ende des Wurfvorgangs befindet sich die Rute etwa zwischen 2 und 3 Uhr. Lasse die Schnur nicht zu spät los, sonst klatscht dein Köder vor dir ins Wasser und verjagt alle Fische.

Nicht zu kurz

Das Hauptgewicht an der Schnur soll etwa einen Meter unterhalb der Rutenspitze hängen.

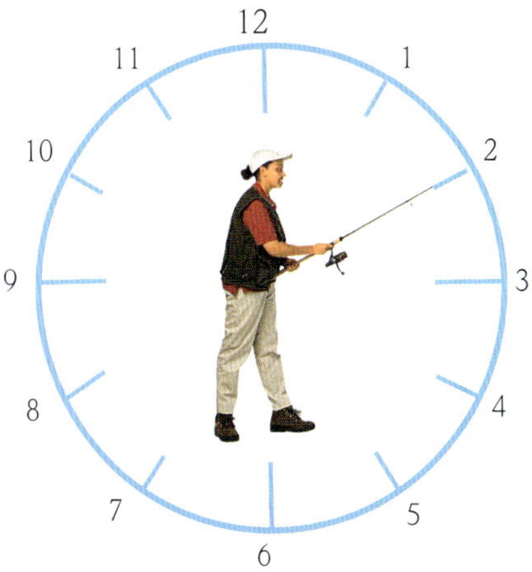

Die »Angleruhr«

Die Positionen auf dem Zifferblatt beschreiben die Rutenbewegung während des Werfens.
Zu Beginn (Punkt 4) sollte die Rute etwa bei 10 Uhr stehen. Nach dem Vorschwung nimmst du in der 2 Uhr Stellung den Finger von der Schnur. Am Ende des Wurfes befindet sich die Rute ungefähr zwischen 2 und 3 Uhr.

Fliegenfischen

Der Umgang mit der Fliegenrute wird oft für sehr kompliziert gehalten. Dabei ist der einfache Überkopfwurf recht schnell zu erlernen. Er stellt die Grundlage für alle anderen Wurfvarianten dar, und nach ein paar Stunden Übung kannst du ausreichend Leine gestreckt vor dir ablegen. Üben kannst du auch zu Hause auf dem Rasen. Es kommt darauf an, die Fliege korrekt zu präsentieren und nicht gleich hinter den Horizont werfen zu wollen.

Ein Trockenfliege schwimmt auf der Wasseroberfläche.

Wahl der Fliege

Beobachte sorgfältig die Wasseroberfläche. Sobald du Ringe von steigenden Fischen entdeckst probiere eine passende Trockenfliege. Sind keine Fische an der Oberfläche nimmst du lieber eine Nymphe.

Fliegenrute

Eine Fliegenrute soll leicht und sensibel sein. Es darf dir keine Mühe bereiten sie den ganzen Tag zu führen.

Eine ideale Stelle

Diese Stelle ist wie geschaffen zum Fliegenfischen. Das Wasser strömt zügig über sauberen Kiesgrund. Dort wo es etwas tiefer wird »stehen« die Forellen und Äschen. Sie lieben dieses sauerstoffreiche, saubere Wasser und suchen zwischen den runden Kieseln nach Insektenlarven.

Der Fliegenwurf

Beim Überkopfwurf nimmst du die gestreckt auf dem Wasser liegende Fliegenschnur mit einem Rückwärtsschwung der Rute auf und wirfst sie über deine Schulter nach hinten. Sobald sie sich für einen Moment in der Luft nach hinten streckt, beschleunigst du die Rute wieder nach vorne. Die Schnur folgt ihr nach und legt die Fliege wieder vor dir auf dem Wasser ab.

Vorsicht beim Waten.

Wate nie zu weit ins Wasser hinein. Selbst in relativ flachem Wasser kann die Strömung zu stark für dich sein.

Der Griff einer Fliegenrute befindet sich vor der Rolle.

1 Beim Rückwärtsschwung hebst du die Schnur aus dem Wasser und wirfst sie hinter dich. Beschleunige die Bewegung und stoppe die Rute in der 11 Uhr Position. Das Handgelenk nicht abknicken.

Stoppe die Rute beim Rückwärtsschwung etwa bei 11 Uhr.

2 Sieh über deine Schulter zurück und beobachte die Leine. Sie muss gestreckt in der Luft liegen, dann erst kannst du den Vorwärtswurf einleiten. Die Leine darf auf keinen Fall durchsacken und den Rasen hinter dir berühren.

Vorsichtiges Auftreten

Wate langsam in den Fluss hinein, da knirschender Kies unter deinen Füßen die Fische alarmiert.

Hand, Handgelenk und Rute bilden eine Gerade. Nimm die Rute fest in die Hand und lass den Rollenhalter am Unterarm anliegen.

Trage beim Fliegenfischen immer einen Polarisationsbrille. Sie dient auch als Schutz vor einem außer Kontrolle geratenen Fliegenhaken.

Hole die Schnur langsam und behutsam mit der freien Hand ein.

Verändere hin und wieder die Einholgeschwindigkeit, um die Fliege so natürlich wie möglich erscheinen zu lassen.

3 Nachdem der Vorwärtswurf abgeschlossen ist, schießt die Leine durch die Ringe und platziert die Fliege einige Meter vor dir. Ziele etwa einen Meter hoch über die Wasseroberfläche, damit sich die Schnur gut strecken kann, bevor sie sich ablegt. Zeigt die Rute deutlich zum Wasser hinab, klatscht die Schnurspitze zu hart auf.

4 Beim Einholen der Fliege musst du immer auf einen Biss gefasst sein. Manchmal wirst du einen Ruck fühlen, ein anderes Mal bleibt das Ende der Fliegenschnur einfach stehen oder schießt sogar einige Zentimeter davon. Setze sofort den Haken. Wenn sich die Fliege nur mehr etwa vier bis fünf Meter vor dir befindet, musst du die Schnur abheben und erneut auswerfen.

Fliegen im Einsatz

Die wahre Kunst beim Fliegenfischen besteht darin herauszufinden, welches Insekt die Fische gerade nehmen und es durch eine mehr oder weniger täuschend ähnliche Imitation aus deiner Fliegenschachtel zu ersetzen. Außerdem musst du sorgfältig beobachten und beurteilen wie sich die Fische zu verschiedenen Tageszeiten verhalten. Das Angeln mit der Fliege ist eine herausfordernde, spannende und faszinierende Fischerei.

Beobachtung des Wassers

Es ist äußerst wichtig eine niedrige Silhouette abzugeben, um die Fische nicht zu erschrecken. Nähere dich vorsichtig dem Ufer und versuche so nahe wie möglich an die Fische heranzukommen.

Steigende Fische

Für einen Angler ist es einer der aufregendsten Anblicke, wenn eine Forelle zur Wass oberfläche steigt und dort treibende Fliegen absammel Manchmal sieht man einen deutlichen Schwall, ein ande res Mal aber möglicherweise nur einen sanften Ring. Versuche zu erkennen, welc Insekten auf dem Wasser sir Dann suchst du aus deiner Fliegenschachtel eine Imitat heraus, die den natürlichen Fliegen am ähnlichsten ist u bietest sie den Fischen an.

Künstliche Eintagsfliegen

Es gibt viele Arten von Eintagsfliegen in ganz unterschiedlichen Größen. Hier sind zwei größere Imitationen abgebildet, die auch auf weitere Entfernung gut zu sehen sind.

Grey Wulff

Parachute Gre Drake

Natürliches Vorbild

Während des Sommers schwärmen verschiedene Eintagsfliegenarten in der Nähe der Gewässer. Das hier ist eine der größten Arten: eine Maifliege. Eintagsfliegen leben nach dem Schlupf nur wenige Tage.

Eine Polarisationsbrille verringert die Reflexionen an der Oberfläche und ermöglicht den Blick ins (klare!) Wasser.

Gleich packt sie zu!

Es gibt beim Angeln keinen aufregenderen Anblick als eine Forelle die gerade dabei ist einen Streamer zu nehmen – egal ob an oder unter der Oberfläche. Oft schwimmen Forellen bis nahe an die Fliege heran und folgen ihr dann über eine gewisse Strecke, bevor sie sich endgültig entscheiden. Manchmal zahlt es sich aus kurz innezuhalten und die Fliege etwas absinken zu lassen. Ein anderes Mal kann es aber besser sein die Fliege schnell bis an die Oberfläche zu ziehen, um dem Fisch eine »fliehende« Beute vorzutäuschen.

Nassfliegen

Traditionelle Nassfliegen sind recht universell. Muster wie der Butcher ahmen ein ertrunkenes Insekt nach oder auch ein kleines Brutfischchen. Der Soldier Palmer imitiert eher einen dicken Käfer oder eine schlüpfende Köcherfliege.

Butcher

Soldier Palmer

Nymphenfischen

Nymphen sind Nachbildungen von im Wasser lebenden Insektenlarven oder anderen kleinen Tierchen wie Wasserkäfern, Schnecken und Bachflohkrebsen. Sie eignen sich für alle Tiefenbereiche. Führe sie langsam und sorgfältig.

Forellen lieben Bachflohkrebse (engl.: Shrimp)

Die Imitation sieht dem natürlichen Vorbild verblüffend ähnlich.

Shrimp

Gammarus (Bachflohkrebs)

Bachflohkrebse

Sie können nur in sauberem Wasser überleben. Ihr Vorkommen ist ein Zeichen für eine geringe Belastung.

Nymphen

Nymphen von Eintagsfliegen leben etwa ein Jahr unter Wasser und gehören zur Hauptnahrung von Forellen und Äschen. Farblich sollten sie dem Gewässergrund angepasst sein. Also helle Nymphen über hellem Grund und dunklere Muster für dunklen Untergrund.

Eintagsfliegenlarve

Marabou Nymphe

Angeln mit Kunstködern

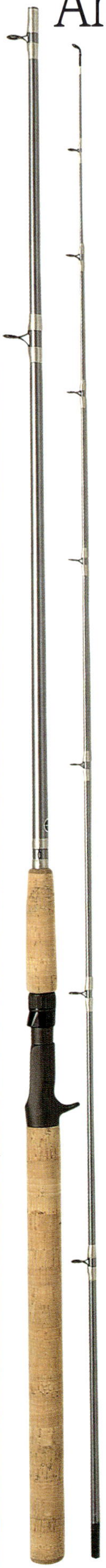

Das Fischen mit Kunstködern ist eine der spannendsten Angelmethoden für Raubfische. Hecht, Zander, Barsch … es gibt eine endlose Liste von Fischarten, die diese Nachahmungen von kleinen Beutefischen aus Metall, Holz oder Plastik zum Fressen gern haben. Es gibt drei verschiedene Ködertypen. Spinner und Blinker sind in der Regel aus Metall. Spinner drehen sich, Blinker taumeln verführerisch hin und her. Wobbler sind aus Holz oder Plastik und werden, je nach Bauweise, in verschiedenen Tiefenbereichen eingesetzt.

Eine ideale Stelle

Wenn du mit Kunstködern angelst, solltest du nicht zulange an einem Ort bleiben, sondern das Wasser systematisch absuchen. Hier befindest du dich an einer idealen Stelle. Große Raubfische lieben das ruhige Wasser gleich neben der Hauptströmung und stehen oft ganz nahe am Ufer.

Wo Hechte vorkommen ist ein Stahlvorfach notwendig. Ihre scharfen Zähne schneiden Nylon glatt durch.

Achte immer auf starke und scharfe Haken.

Details

Raubfische besitzen Adleraugen und lassen sich durch unnatürliche Bewegungen abschrecken. Gute Wobbler sind nicht billig, bewegen sich im Wasser aber sehr lebensecht und sind dadurch fängiger als Billigware.

Spinnrute

Ideal ist eine leichte Rute mit gefühlvoller Spitze aber kräftigem Rückrat und einer Länge um 2,60 m. Mit ihr kannst du auch einen großen Fisch bezwingen.

Vorsichtige Annäherung

Große Raubfische sind extrem vorsichtig. Du musst wie ein Indianer ans Wasser schleichen, sonst sind sie verschwunden bevor du deinen ersten Wurf getan hast.

Führung des Köders

Hole den Spinner, Löffel oder Wobbler nicht einfach nur mechanisch und gedankenlos mit ein paar Kurbelumdrehungen zurück. Du willst dem Räuber schließlich vortäuschen, dass es sich um einen lebendigen Fisch handelt! Werfe gezielt in Richtung von versunkenen Bäumen oder suche systematisch Krautinseln und Ausbuchtungen in der Uferlinie ab. Bewege die Rutenspitze zur Seite sowie auf und ab, damit der Köder so lebensecht wie möglich wirkt.

1 Der Köder sollte für einen guten Wurf etwa einen Meter von der Rutenspitze herabhängen. Lass den Spinner oder Blinker ausschwingen bis er sich in einer ruhigen Lage befindet. Achte auf einen sicheren Stand, schau auf dein Ziel und schwinge dann die Rute nach vorne.

Suche den Strömungsrand und das ruhige Wasser ab.

Die Bremse deiner Rolle muss so eingestellt sein, dass sie bei der Flucht eines großen Fisches sofort nachgibt.

2 Folge dem Köder während des Wurfes mit den Augen. Sobald er auf der Oberfläche auftrifft legst du mit einer Kurbelumdrehung den Schnurfangbügel um. Nun kannst du mit dem Einholen beginnen. Lege unterwegs hin und wieder einen Stopp ein als würde der Köder ausruhen, dann bewege ihn mit kurzen schnellen Sprüngen als würde er von einem Räuber flüchten.

3 Oft folgt ein Raubfisch dem Köder direkt bis zum Ufer, bevor er sich dazu entschließt endgültig zuzupacken. Bist du nun mit dem Einholen zu schnell, ziehst du dem Fisch den Köder möglicherweise direkt aus dem Maul heraus. Beobachte den Köder genau bis er vor deinen Füßen ist. Gehe aber nicht zu dicht ans Wasser heran, damit dich ein heranschwimmender Fisch nicht wahrnimmt.

Kunstköder in Aktion

Es zeichnet einen wirklichen guten Angler aus, wenn er beurteilen kann wann er welchen Kunstköder, sei es Spinner, Blinker oder Wobbler, einsetzt. Außerdem muss er in Bewegung bleiben, sich die vielversprechenden Stellen suchen und wissen welche Unterwasserhindernisse oder Strömungsbedingungen die Fische bevorzugen. Jeder Bereich fordert eine etwas andere Annäherung und einen anderen Köder. Aus diesem Grund müssen wir uns eine kleine Sammlung von verschiedenen Kunstködern zulegen, mit denen wir in verschiedenen Tiefenbereichen experimentieren können.

Der ideale Platz

Suche nach Stellen wo sich Raubfische in den Hinterhalt legen können. Fischarten wie Hecht und Barsch lieben Schilfkanten, Krautbetten oder überhängende Bäume. Hier lauern sie ihrer Beute auf.

Fair fischen

Drillingshaken bilden für Fische, die zurückgesetzt werden sollen eine große Verletzungsgefahr. Schneide zwei der Haken mit einer Zange ab und drücke den Widerhaken der übriggebliebenen Spitze an.

Wobbler

Ein Wobbler soll einen kleinen kranken Fisch darstellen, der sich unregelmäßig und unsicher bewegt. Wobbler gibt es in Ausführungen für jede Wassertiefe. Für große Raubfische solltest du sie langsam und aufmerksam führen.

Spinner

Sobald der Spinner durch das Wasser gezogen wird, beginnt sein Metallblatt zu rotieren. Es sendet Vibrationen und Lichtreflexe aus und wirkt auf einen Raubfisch äußerst anziehend. Manchmal ist ein Schwänzchen aus Plastik oder Wolle angebracht, um die Attraktivität noch zu erhöhen.

Gehakt!

Dieser Hecht hat einen Wobbler dicht unter der Wasseroberfläche genommen. Seine erste Flucht geht steil zum Grund hinab. Nun musst du Druck ausüben, damit er sich nicht in irgendeinem Unterwasserhindernis verhängt. Du willst schließlich keinen Fisch mit einem Haken im Maul verlieren.

Der Haken hängt gut im Maulwinkel.

Luftkampf

Viele Fische, wie dieser Schwarzbarsch, springen sofort aus dem Wasser sobald sie den Haken fühlen. Senke sofort die Rute, um den Druck von der Schnur zu nehmen. Ein gefährlicher Moment, da jetzt der Haken leicht abgeschüttelt wird.

Ein großer Blinker mit taumelnder Aktion, der sich gut für große Hechte eignet.

Die gerippte Oberfläche des »Abu Atom« sendet aufreizende Lichtsignale aus.

Eine Löffelform, die besonders langsam geführt werden kann.

Blinker

Blinker, auch Löffel genannt, zeichnen sich durch taumelnde Bewegungen im Wasser aus und ziehen die Fische durch ihre glänzende Oberfläche oder eine auffällige Färbung an. Die Aktion ist von der Führung abhängig. Ein krankes Fischchen wird durch unregelmäßiges Einholen imitiert.

Deine Beute

Mit Kunstködern können alle Arten von Raubfischen angesprochen werden. Je kleiner der Fisch, desto kleiner sollte auch der Köder sein. Für diesen Barsch (rechts) würde man zum Beispiel einen kleinen Mepps Comet verwenden, aber für einen großen Hecht sollte man schon zu einem handfesteren Blinker greifen. Achte auf Hinweise im Wasser: Flitzen etwa kleine Brutfischchen panikartig umher und durchbrechen dabei sogar die Oberfläche, ist die Wahrscheinlichkeit groß, dass sie von ein paar Barschen gejagt werden. Wähle deinen Köder danach und überlege dir jeden Wurf genau. Bewege die Rutenspitze, um die Laufrichtung des Köders zu variieren. Bei kaltem Wetter solltest du so tief wie möglich fischen. Aber Vorsicht vor Hängern!

Angeln mit Naturködern

Dein Köder muss tiptop sein. Misstrauische Fische fallen auf alte, ausgelaugte Köder nicht herein. Egal aus was er besteht, er muss über ein anziehendes Aroma verfügen und einen frischen Eindruck machen. Ein lebender, sich bewegender Wurm ist attraktiver als ein toter. Die Hakengröße muss zum Köder passen. Ein großer Köder benötigt auch einen größeren Haken und umgekehrt. Probiere ruhig auch ungewöhnliche Köder aus. Fische sind neugierig.

Grundangeln

Die meisten Fische nehmen ihre Nahrung vom Grund auf, deshalb ist dort der richtige Platz für den Köder und das Lockfutter. Kleine Futterkörbchen bringen es dorthin wo du es haben willst. Pack das Körbchen richtig voll, werfe es aus und öffne es sobald es am Grund ist.

Eine riesige Auswahl

Von den vielen möglichen Köderarten müssen einige zuerst gekocht werden, um sie weich zu kriegen. Samen und Körner sind klein genug, so dass man sie auch in größeren Mengen anbieten kann. Die Fische geraten dadurch geradezu in einen Fressrausch und werden ziemlich unvorsichtig.

Diese hochproteinhaltigen (HP) Köder nennt man Boilies. Sie bestehen aus Milchproteinen, Eiern, Soyateig, Weizenkeimen, Tierproteinen, Geschmacksstoffen und Färbemitteln.

Köder aus der Küche

Einige der besten Köder findet man im Küchen- oder Kühlschrank. Hole dir aber zuvor die Erlaubnis ein bevor du mit dem Abendbrot verschwindest!

Brot

Benutze nur ganz frisches Brot. Stecke es auf den Haken und drücke es auf dem Hakenschenkel fest. Ein Teil davon kann ruhig flockig bleiben, damit es im Wasser noch etwas aufquillt.

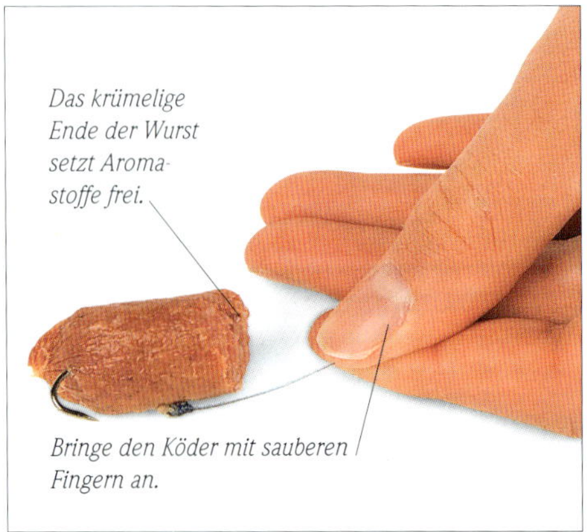

Wurst

Es gibt viele Arten von Fertigwürsten – du findest sie in deinem örtlichen Supermarkt. Würstchen können hervorragende Köder sein, da Fische ihr starkes Aroma auch in trübem Wasser aufnehmen. Schneide eine passende Länge ab und fädele den Haken hindurch. Die Hakenspitze muss aus der harten Haut herausstehen.

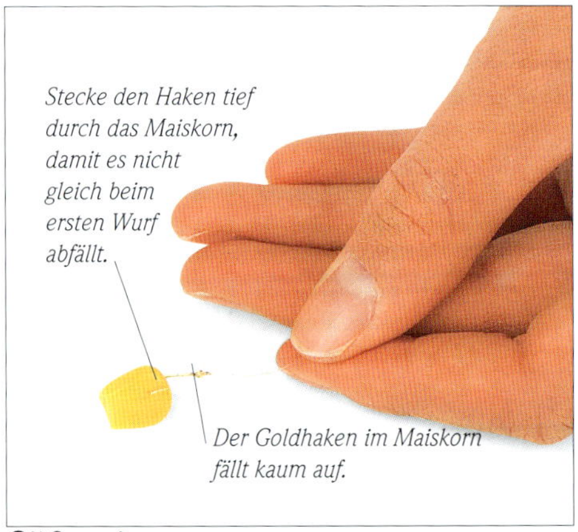

Süßmais

Fast alle Friedfische lieben die kleinen, aromatischen Süßmaiskörner. Am meisten Zucker enthalten sie im frischen Zustand. Auf einen kleinen Haken passt nur ein einzelnes Korn, aber fünf oder sechs auf einem größeren Haken sind eine große Versuchung für Karpfen und Schleien. Verändere die Größe des Hakens und die Zahl der Körner, wenn du keine Bisse bekommst.

Naturköder

Einige der besten Köder findest du direkt im oder in der Nähe des Wassers. Die Fische sind an sie gewöhnt und schöpfen weniger Verdacht, denn sie nehmen sie jeden Tag als Nahrung zu sich. Ein weiterer Vorteil für dich ist, dass sie nichts kosten!

Am Strand kannst du bei Ebbe fette Wattwürmer ausgraben. Pass aber auf, dass dich die Flut nicht überrascht.

Alle Arten von Muscheln eignen sich für Süßwasser- und Meeresfische. Verwende sie nicht falls ihr Bestand gefährdet ist.

Freibeuter

Für große aggressive Räuber, wie etwa einen Hecht, gibt es nichts besseres als einen kleinen Fisch als Köder – seine natürliche Nahrung. Versuche neben kleinen silbrigen Süßwasserfischen, auch tote Meeresfische, z. B. Makrelen, Heringe oder Sardinen.

Speisekammer

Für Döbel, Barbe, Rotauge, Hasel und einige andere Fischarten findest du die besten Köder unter größeren Steinen im Flussbett. Am allerbesten ist wahrscheinlich die Köcherfliegenlarve, die bei uns auch »Sprock« genannt wird. Sie schützt sich mit einem kleinen selbstgebauten Köcher aus Sandkörnern oder Pflanzenmaterial, der vorsichtig entfernt werden muss, bevor man die Larve auf den Haken stecken kann. Paarweise sind sie ein großartiger Köder zum Posenfischen oder Spürangeln.

Andere gute Köder sind Egel, Insektenlarven, Bachflohkrebse und kleine Schnecken.

Der Käse sollte fest genug sein, damit er beim Werfen nicht abfällt.

Damit der Anschlag sitzt, sollte die Hakenspitze etwas herausragen.

Käse

Käse ist vor allem bei trübem Wasser ein hervorragender Köder. Weichkäse kann man gut mit trockenem Brot mischen. Beides wird zu einer festen Paste zusammengeknetet, die beim Werfen gut am Haken klebt. Auch etwas überreifer Käse kann verwendet werden, denn Fische mögen das starke Aroma. Verwende also ruhig die Käsereste aus dem Kühlschrank.

Floß- und Posenangeln

Posen oder Flöße sind Auftriebskörper, die aus Federkielen, Holz, Kork oder Plastik hergestellt werden. Mit einer solchen Schwimmhilfe kann ein Köder in verschiedenen Tiefenbereichen angeboten werden. In einem Fließgewässer lässt du den Köder bequem mit der Strömung treiben. Die Pose zeigt den Anbiss eines Fisches unmittelbar an und man kann rechtzeitig anschlagen, bevor der Fisch den Haken zu tief geschluckt hat.

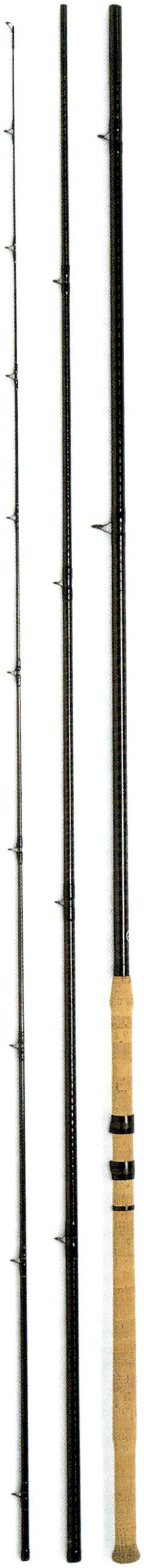

Rute zum Posenangeln

Eine ideale Posenrute ist etwa 3 bis 4 Meter lang und leicht genug, um sie den ganzen Tag in der Hand halten zu können. Da ziemlich dünne Schnüre zum Einsatz kommen, sollte sie über eine gefühlvolle Spitze verfügen.

Über dunklem Wasser sieht man helle Spitzen am besten.

Die Beschwerung sollte so austariert werden, dass nur mehr die Spitze der Pose aus dem Wasser ragt.

Fische lieben frische Maden.

Made und Maiskorn bilden einen verführerischen Ködercocktail.

Die ideale Stelle

Diese tiefere kanalartige Stelle zwischen »Festland« und Insel eignet sich sehr gut zum Posenangeln. Im See umherschwimmende Fische, suchen immer wieder solche Engstellen auf.

Die richtige Tiefe

Um hungrige Fische zu finden, kannst du zuerst knapp unter der Oberfläche beginnnen, und nach und nach deinen Köder immer tiefer stellen, bis du die Fische aufgespürt hast. Oft ist das erst dicht über dem Grund der Fall.

Nimm die Schnur beim Durchfädeln nicht zu kurz zwischen die Finger.

Die kleinen Führungsringe neuer Posen sind oft mit Lack verklebt. Entferne ihn mit einer Nadel.

Posenangeln

Es ist wichtig einen Posentyp zu verwenden, der zur jeweiligen Situation passt. An einem Stillwasser ist zum Beispiel eine gerade »Waggler« Pose sehr gut geeignet. Sie ist ein Teil des Wurfgewichtes und muss auch bei etwas Wellengang noch auf größere Entfernung gut zu sehen sein.

1 Wenn du die Schnur durch die Ringe fädelst, solltest du besser nur die Bremse der Rolle öffnen, um die Schnur leicht abziehen zu können. Öffnest du den Schnurfangbügel, springt neue Schnur oft in ganzen Klängen von der Spule und verwickelt sich gerne. Eine ärgerliche Angelegenheit.

2 In einem Stillwasser brauchst d nur das untere Ende des Floßes auf die Leine zu ziehen. Festgestellt wird das Floß durch zwei Bleischro durch einen zusätzlich angebrachte Stopperknoten oder indem man die Schnur einige Male durch den Führungsring der Pose zieht.

Halte die Rute ruhig.

Blicke beim Wurf genau auf den Punkt, wo die Pose landen soll.

3 Führe die Rute senkrecht über deine Schulter. Schwinge sie zügig nach vorne und gib die Schnur in der 2 Uhr Stellung vor dir frei. Mit dem Finger bremst du die von der Spule sausende Schnur sofort ab, sobald das Floß auf dem Wasser gelandet ist.

Überprüfe regelmäßig den Spanngummi des Katapults auf Risse.

4 Mit diesem Köderkatapult kannst du kleine Futterpartikel rund um dein Floß im Wasser verteilen. Das geht mit der Schleuder über größere Entfernungen zielgenauer als mit der Hand. Der Geruch des Futters zieht dann die Fische aus der Umgebung an. Nimm aber nicht zuviel Lockmittel. Beginne mit einer kleinen Menge und lege etwas nach, sobald die Bisse regelmäßig kommen.

Erkenne den Biss

Am Verhalten der Pose zeigt sich ob der Fisch den Köder richtig genommen hat. Reagierst du zu früh bekommst du möglicherweise keinen Kontakt, setzt du den Haken zu spät kann der Fisch ihn schon verschluckt haben. Schlage lieber etwas früher an. Klappt es nicht, wartest du das nächste Mal eine Sekunde länger. Mit wachsender Erfahrung wird deine Erfolgsquote steigen.

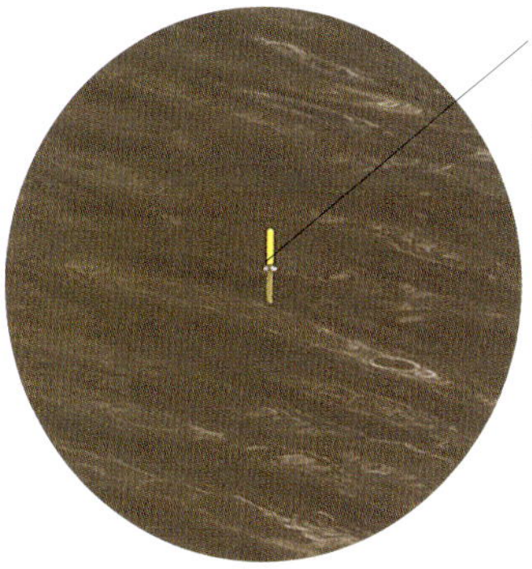

Eine helle Posenspitze hebt sich gut gegen das dunkle Wasser ab.

Richtig beschwert

Die Pose ist mit einigen Bleischroten genau austariert und ragt nur wenige Zentimeter über die Wasseroberfläche. So kannst du jede Bewegung sofort erkennen. Ein Bleischrot liegt am Boden, der Köder ist etwa 15 cm davon entfernt.

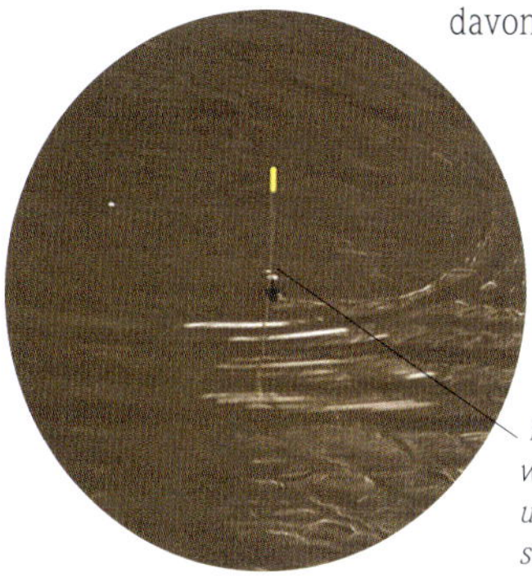

Das Bleischrot wird angehoben und die Pose steigt auf.

Biss!

Wenn ein kleiner Karpfen oder eine Schleie den Köder aufnimmt, wird auch das Bleischrot, das bis jetzt die Pose im Gleichgewicht hielt, angehoben. Die Pose bekommt Auftrieb und steigt auf. Noch nicht anschlagen, der Fisch prüft den Köder gerade zwischen seinen Lippen.

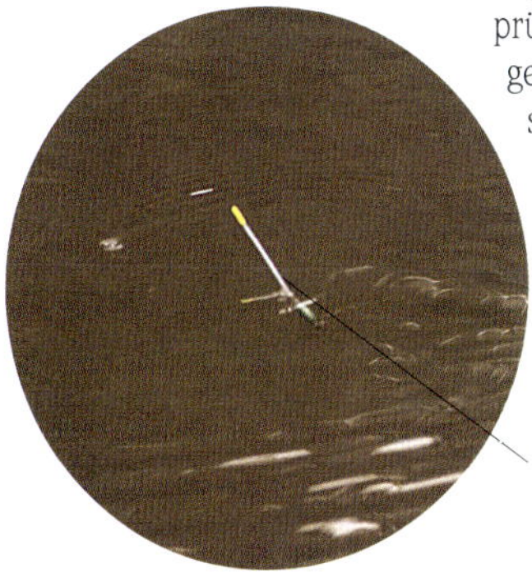

Die Pose neigt sich deutlich zur Seite.

Der richtige Augenblick

Wenn der Fisch mit dem Köder im Maul wegschwimmen will, legt sich die Pose auf die Seite und wird gleich abtauchen. Jetzt kannst du den Haken setzen.

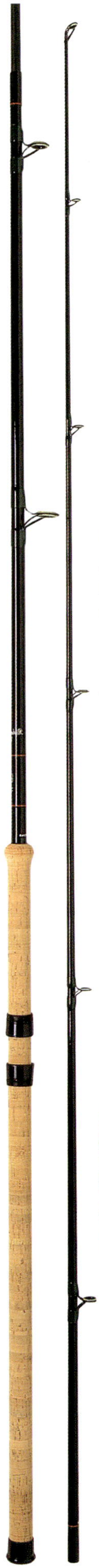

Grundangeln

Beim Grundangeln wird der Köder im allgemeinen mit Hilfe eines Bleigewichtes auf dem Grund des Gewässers festgelegt. Diese Methode empfiehlt sich immer dann, wenn man auf einen großen Fisch hofft und den Köder über eine längere Periode am gleichen Platz halten möchte. Da dabei keine Pose benützt wird, um den Biss anzuzeigen, muss man ihn auf andere Art und Weise feststellen können.

Die Rute

Mit rund 3 m Länge sind Grundruten im allgemeinen etwas kürzer als Ruten zum Posenfischen. Rückrat und Aktion sollte man der Größe der zu erwartenden Fischen anpassen.

Die richtige Stelle

Ein idealer Platz zum Grundangeln. Die Schilfbank und die Seerosen bieten einen perfekten Lebensraum für alle grundorientierten Fische und der Angler ist in dem hohen Gras gut getarnt.

Der Bissanzeiger

Ein kleines Gewicht, das zwischen dem ersten und zweiten Rutenring in die Schnur gehängt wird. Es kann ganz einfach ein Stückchen Teig oder Brot oder ein Schnipsel zusammengerollte Silberfolie sein. Zieht ein Fisch an der Schnur, wandert der Bissanzeiger nach oben.

Nachtangeln

Im Dunkeln bietet sich unter anderem ein Kügelchen aus floureszierender Kunststoffpaste an, die vorher mit einer starken Taschenlampe oder einem Fotoblitzlicht angestrahlt wurde.

1 Setze dich bequem auf einen Stuhl und halte die Rutenspitze in Richtung des ausgelegten Köders. Wenn das Gewicht an der Schnur beginnt nervös auf und ab zu hüpfen, interessiert sich ein Fisch dafür. Senkt sich dein Bissanzeiger, schwimmt der Fisch in deine Richtung. Hebt er sich, schwimmt er von dir weg.

Schlage nur an, wenn sich der Bissanzeiger eindeutig bewegt.

2 Warte bis sich der Bissanzeiger entweder gleichmäßig hebt oder senkt. Es ist äußerst wichtig den Anhieb im richtigen Moment zu setzen. Wartest du zu lange, spuckt der Fisch den Köder wieder aus oder hat ihn bereits tief geschluckt.

Mit zwei Fingern vor de Rollenfuß und zwei dahinter hast du die Ru sicher im Griff.

Die Zitterspitze

In Fließgewässern bietet sich das Angeln mit der sogenannten Zitterspitze an. Sie besteht aus einem in der Rutenspitze befestigten feinen Stück Kohlefaser, das den kleinsten Biss anzeigt. Zitterspitzen gibt es in verschiedenen Ausführungen, je nach Strömung und dem Beschwerungsgewicht des Köders. Eine rotweiße Spitze ist universell. Sie hebt sich gut gegen einen dunklen Hintergrund aber auch gegen den hellen Himmel ab. Bisse zeigen sich als leichtes Zittern oder nervöses Hüpfen, aber mitunter reisst es die Spitze einfach eindeutig herum.

Die fein abgestimmte Aktion dieser Rute ist zum Grundangeln ideal.

Zeigt die Spitze gegen einen hellen Hintergrund, kannst du dich länger darauf konzentrieren.

1 Halte die Zitterspitze so, dass du sie gut sehen kannst. Mit dem weißen Wasser im Hintergrund ist das kein Problem. Versuche die Zitterspitze leicht zu biegen – aber übertreibe es nicht, sonst überträgt sich der Biss nicht.

Halte die Rute in einer bequemen Stellung.

2 Du kannst dich hinsetzen oder knien, aber du musst immer bereit sein sofort in Aktion zu treten, sobald du eine Bewegung an der Rutenspitze wahrnimmst. Trage nur das nötigste Gerät mit dir, damit du schnell den Platz wechseln kannst.

Den Biss wahrnehmen

Verwende nur frisches Brot als Bissanzeiger, damit es gut an der Schnur haftet. Die Größe kannst du, je nach Strömung oder Stärke des Windes, variieren. Bei windstillem Wetter reicht ein kleines Stück Brot, aber unter raueren Bedingungen brauchst du einen größeren, schwereren Bissanzeiger. Um einen Biss anzeigen zu können, muss er ruhig unter der Rute hängen.

1 Vor dem Auswerfen musst du dir darüber im Klaren sein, wo du deinen Köder platzieren möchtest. Für ufernahes Angeln reicht ein kurzer Pendelschwung aus dem Unterarm heraus, willst du weiter raus, musst du über den Kopf werfen. Dann brauchst du auch einen schwereren Bissanzeiger.

2 Sobald der Köder am gewünschten Platz liegt, streckst du die Schnur und bringst den Bissanzeiger zwischen zwei Rutenringen an der Leine an. Halte die Hand an der Rute und lasse den Bissanzeiger nicht aus den Augen.

Spürangeln

An einem Fließgewässer ist dies eine der sensibelsten und aufregendsten Methoden den Biss wahrzunehmen. Du kannst spüren wie der Fisch am Köder herumspielt, den Köder nimmt und damit wegschwimmt. Eine sehr geradlinige Technik, für die du nichts als das Gefühl in deinen Fingern brauchst.

Halte die Rute bequem in der Hand und deute mit der Spitze in Richtung des Köders. Wenn du jetzt die Schnur einmal um deinen Zeigefinger legst, wirst du jeden kleinen Zupfer spüren.

Brandungsangeln

Das Angeln in der Brandung kann recht anstrengend sein. Lerne die korrekte Wurftechnik, einmal um entsprechende Weiten zu erreichen und andererseits, um dich nicht körperlich zu verausgaben.
Die Bildfolge auf diesen Seiten zeigt dir die richtigen Basisschritte. Mache dich von Beginn an mit einem gleichmäßigen Rhythmus vertraut.

Die ideale Stelle

Bei Felsen und Klippen braucht man nicht weit zu werfen, denn die Fische halten sich hier sehr nahe am nahrungsreichen Ufer auf.

Sicherheit am Wasser

Achte auf steigendes Wasser. Lass dich nicht von der hereinkommenden Flut überraschen.

Auf Distanz

Diese Technik ist für weite Würfe an flachen Stränden gedacht. Schiebe die Rute nicht vor dir her, sondern ziehe sie eher etwas nach. Die Drehung deines Körpers muss gleichmäßig erfolgen und dein Blick sollte in Wurfrichtung zeigen. Mit entsprechender Übung wird die Bewegung immer flüssiger.

1 Schalte den Freilauf deiner Multirolle ein und lass das Wurfgewicht und den Haken etwa einen Meter vom Spitzenring herabhängen. Lege jetzt deinen Daumen auf die Spule. Drehe dich nach links und verlagere das Körpergewicht auf dein rechtes Bein.

2 Blicke nun in Wurfrichtung und drehe deinen Körper flüssig in eine normale Haltung zurück. Indem du deinen linken Arm streckst, ziehst du die Rute am Körper vorbei. Die rechte Hand kommt auf Brusthöhe.

3 Verlagere jetzt dein Körpergewicht auf dein linkes Bein. Dadurch erhöhst du die Wurfgeschwindigkeit, die Voraussetzur für einen weiten Wurf. Führe die rechte Hand bis auf Augenhöhe.

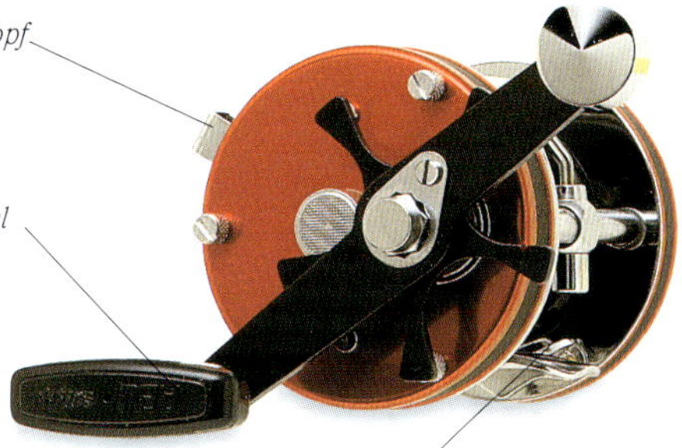

Rolle

Eine Multiplikationsrolle eignet sich besonders für weite Würfe in der Brandung. Mache dich mit den verschiedenen Einstellungsmöglichkeiten gut vertraut, so dass du die Funktionen wie im Schlaf beherrscht.

Im Handteil besitzt die Rute die meiste Kraft.

Eine Multirolle wird »stehend« auf der Rute verwendet.

Laufbleimontage

Diese Montage macht es möglich, dass der Fisch mit dem Köder wegschwimmt ohne Widerstand zu fühlen. Extreme Weitwürfe sind damit zwar nicht möglich, aber du wirst deinen Köder dort ablegen können, wo sich die Fische aufhalten.

Brandungsrute

Die Auswahl an verschiedenen Längen, Aktionen und Materialien kann recht verwirrend sein. Wahrscheinlich ist es am besten mit einer ziemlich sensiblen Rute zu beginnen, die aber über genügend Kraft im Handteil verfügt. Damit solltest du ziemlich weit werfen können und trotzdem zu einem gehakten Fisch gefühlvollen Kontakt halten können.

4 Ziehe das Rutenende energisch nach unten, während du die rechte Hand nach oben drückst. Achte auf eine zusammenhängende, fließende Bewegung.

5 Dein Oberkörper zeigt jetzt in Wurfrichtung, die Rutenspitze bewegt sich zügig über deinen Kopf nach vorne. Im Moment in dem sich dein rechter Arm streckt, gibst du die Leine frei.

6 Nun ist dein rechter Arm voll durchgestreckt und dein linker an den Körper herangezogen. Sobald das Blei aufs Wasser fällt, bremst du mit dem Daumen die rotierende Schnurspule ab.

An der Küste

Auf den ersten Blick scheint die Küste nur unendlich lang und das Meer unendlich groß zu sein. Wo beginnt man nun, wenn man eine bestimmte Fischart fangen möchte? Zum Glück haben auch Meeresfische ihre bestimmten Vorlieben und Abneigungen und das macht es für uns leichter sie zu finden. Wir müssen die verschiedenen Jahreszeiten, Tiefenverhältnisse, Strömungen, die Beschaffenheit des Meeresbodens und die Deckungsmöglichkeiten berücksichtigen, wenn wir uns für eine Fischart entscheiden.

Makrelen

Es gibt verschiedene Arten von Makrelen, aber alle haben sie einen langgestreckten stromlinienförmigen Körper mit einer stark gegabelten Schwanzflosse gemeinsam. Im Sommer kommen große Schwärme vor die Küste. Mit Federhaken und kleinen Meeresblinkern haben Bootsangler jetzt sehr gute Chancen.

Meeräschen werden wegen ihres unsteten Verhaltens auch »Graue Geister« genannt.

Meeräschen

Meeräschen ziehen nordwärts, wenn sich das Wasser im Sommer erwärmt. Sie ernähren sich von kleinen Organismen, sind aber auch größeren Futterbrocken nicht abgeneigt. Am sichersten triffst du in und um Hafenbecken herum auf die schattenhaften Gesellen, denn hier fällt immer etwas für sie ab. Versuche es mit einem kleinen Stück Brot an einer leichten Posenangel.

Conger

Diese großen Meeraale sind besonders in der Nacht aktiv. Tagsüber suchen sie Schutz bei Felsen oder Hafenanlagen, wo sie nach Fischabfällen suchen. Für ihren Fang brauchst du eine kräftige Rute, ein reißfestes Stahlvorfach und eine starke Schnur. Eine halbe Makrele am Bodenblei ist gerade der richtige Köder für einen großen Conger.

Lippfische besitzen eine kurze gedrungene Körperform.

Lippfische

Eine an Felsen und Klippen lebende Gruppe von Fischen mit starker Maulpartie und kräftigen Zähne die zum Absammeln und Aufbrechen von Muscheln dienen. Manchmal fängt man Lippfische an der Posenangel, besser ist es aber den Köder direkt am Grund anzubieten. Als Köder eignen sich Würmer, Krabben und Muschelfleisch.

Die räuberischen Wolfsbarsche besitzen ein großes Maul.

Wolfsbarsche

In Europa kommen sie in den Sommermonaten bis vor die Küste Hollands und ziehen auch ins Brackwasser der Flussmündungen. Felsen und Hafenpiere sind gute Plätze zum Angeln. Brandungsfischer fangen die wohlschmeckenden Fische vom Strand aus. Gute Köder sind Wattwürmer und Krabben, aber am spannendsten ist das Fischen mit Blinkern und Wobblern. Damit lassen sich die vielversprechenden Stellen am schnellsten absuchen.

Den explosiven Drill einer an der Küste gehakten Meerforelle vergisst man nicht so schnell.

Meerforellen

Traditionell stellt man ihnen im Süßwasser der Flüsse nach, aber auch das Angeln an der Küste findet immer mehr Anhänger. Suche sie über Steinen und Seetang und in den Flussmündungen. Die Köder sind vielfältig: Würmer, Krabben, kleine Fische und vor allem 10 bis 12 cm lange, schmale silbrige Löffel und Wobbler.

Plattfische lieben sandigen Grund. Sie ernähren sich von Würmern, kleinen Krabben und anderen Kleintieren.

Plattfische

Diese Gruppe von Fischen reicht von den kleineren Flundern, Schollen und Seezungen bis hin zum riesigen Heilbutt. Am aktivsten sind sie in der Nacht, aber auch am Tag gehen sie gut an einen Grundköder. Kleine, aus toten Fischen geschnittene Streifen, ein Stück Tintenfisch oder ein Wurmbündel sind gute Verführer. Auch kleine Spinner, dicht über den Grund geführt werden oft attackiert.

Drill und Landung

Um einen großen Fisch müde zu drillen und letztlich zu landen, braucht man Geduld und einen kühlen Kopf. Jeder Schritt muss genau überlegt werden. Wende die Tricks an, die auf dieser Seite gezeigt werden, vertraue auf die Funktionen deiner Rolle und nütze die Federkraft deiner Rute aus. Mit etwas Glück wirst du am Ende der Sieger sein.

Mit einer biegsamen Rute kannst du die Sprünge und Fluchtversuche eines großen Fisches sicher abfedern.

1 Während eines langen Drills solltest du eine bequeme Haltung einnehmen. Stütze den Rutengriff unter dem Arm ab, dann hast du mehr Kraft, um die Rutenspitze zu heben und den Fisch heranzuziehen.

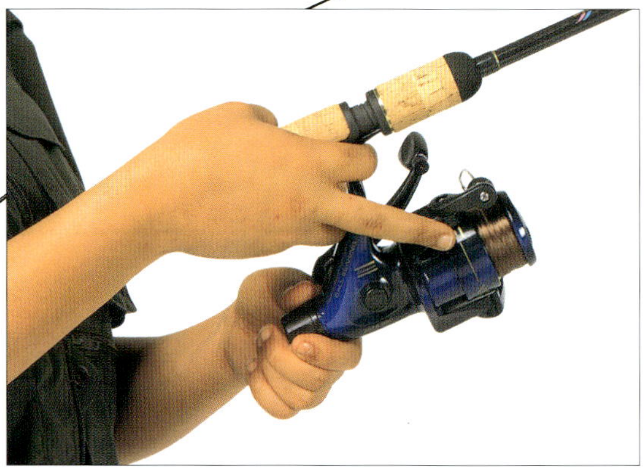

Die Schleifbremse

Bei den meisten Stationärrollen wird die Bremse an der Rückseite reguliert. Stelle die Bremse so ein, dass ein großer fliehender Fisch bei Bedarf Schnur abziehen kann.

Drillen

Deine Drilltechnik kannst du trainieren indem ein Freund die Rolle des Fisches übernimmt und sich die Schnur an den Gürtel bindet. Bei diesem Spiel auf der Wiese kannst du die Grenzen deines Gerätes ausloten und am schnellsten herausfinden wann du Leine geben musst oder sie einholen kannst.

Es kommt besonders auf einen sicheren Stand an.

Die größte Kraft der Rute befindet sich im Handteil.

Mit der Fliege

Einen Fisch an der Fliegenrute zu drillen ist eine besonders aufregende Sache. Bei einer so leichten Rute, fühlst du jede Bewegung des Fisches. Senke die Rutenspitze schnell ab, sobald der Fisch springt.

1 Kleinere Fische kannst du mit der Hand drillen, indem du die Schnur durch die Finger rutschen lässt oder sie wieder einholst. Bei größeren Fischen solltest du versuchen die lose Schnur schnell auf die Rolle zurückzubekommen, bevor sie sich irgendwo am Boden verheddert.

Eine korrekte Handhaltung ist äußerst wichtig.

Sobald ein größerer Fisch zur Flucht ansetzt, läßt du die Fliegenschnur kontrolliert durch die Finger rutschen. Hältst du sie krampfhaft fest, bricht das Nylonvorfach.

2 Sobald ein größerer Fisch die Fliege genommen hat und die erste stürmische Flucht unternimmt, lässt du die Schnur durch die Finger gleiten ohne zu bremsen, sonst würdest du einen Vorfachbruch provozieren. Etwas später kannst du gefühlvoll deinen Handballen gegen die rotierende Schnurspule drücken, um die richtige Bremswirkung zu erzielen.

Rute hochhalten

Die Federkraft der Rute wird im Drill am besten ausgenützt, wenn man sie etwa in einem Winkel von 45° nach oben hält.

Hebe die Rute an, sobald der Fisch näher kommt.

2 Die Landung des Fisches ist ein kritischer Moment. Übereile nichts, sondern warte bis der Fisch sich auf die Seite legt. Dann kannst du ihn zügig über das Netz ziehen und ihn mühelos in die Maschen gleiten lassen.

Achte auf einen sicheren und festen Griff.

Lege dir ein relativ großes Landenetz zu.

Denke immer daran, dass der Fisch im Bedarfsfall Schnur abziehen kann.

Beim Einholen führst du die Schnur durch die Finger der Rutenhand.

3 Dirigiere den Fisch langsam in Richtung Ufer sobald er müde wird. Klemme die Leine mit den Fingern der Rutenhand gegen den Korkgriff und ziehe mit der freien Hand die Schnur ein, ohne die Rute ruckartig auf und ab zu bewegen. Sei aber immer darauf vorbereitet schnell Schnur freizugeben, falls sich der Fisch zu einer letzten Flucht entschließt.

Die Landung

Mit einem Fisch am Haken vergisst man vor Aufregung leicht alles was man einmal gelernt hat. Eigentlich will man seinen Fang einfach nur an Land zerren und über die Schulter nach hinten werfen. Das solltest du unter allen Umständen vermeiden. Bleib ruhig und übe stetigen Druck auf den Fisch aus, aber gib ihm Schnur, wenn er sie fordert. Hoffentlich hast du vorher die Schnur und alle Knoten geprüft. Eventuelle Schwachstellen zeigen sich nämlich jetzt. Halte das Landenetz bereit, damit du es schnell zur Hand hast.

1 Sobald das Floß abgetaucht ist, setzt du den Haken. Schlage nicht zu stark an, sonst könnte die Schnur reißen. Auf weitere Entfernung musst du allerdings etwas mehr Energie aufwenden. Halte dabei die Schnur fest und drehe nicht an der Bremse herum, denn gleich wird der Fisch davonstürmen.

2 Noch einmal! Halte die Rute etwa in einem Winkel von 45° schräg nach oben! Damit nützt du ihre Federkraft und ihr Rückgrat am besten aus und kannst auch die Gegenwehr großer Fische gut abpuffern.

Das Netz liegt in Griffweite neben dem Angler.

3 Sobald der Fisch mit dem Kopf über die Wasseroberfläche kommt, ist er bereit zur Landung. Versuche nie einen noch lebhaft umherschwimmenden Fisch zu keschern. Wenn es sich um einen schweren Fisch handelt, musst du mit der anderen Hand unterstützend an den Netzrahmen greifen.

Dieser Fisch leistet keinen Widerstand mehr.

4 Halte den Kescher ruhig ins Wasser und ziehe den Fisch vollständig darüber. Dann erst hebst du das Netz zügig ans Ufer. Versuche nie aktiv mit dem Kescher nach dem Fisch zu greifen, er könnte dabei leicht vom Haken abkommen.

Fische zurücksetzen

Gut gemacht! Du hast einen Fisch gefangen und er liegt vor dir im nassen Netz. Wenn du ihn zurücksetzen möchtest, musst du ihn so schonend wie möglich behandeln, damit er unverletzt in sein Element zurückkehren kann. Im Wasser machen Fische einen starken und kräftigen Eindruck, aber an Land sind sie sehr verletzlich.

Ein guter Fang

Ich war auf diesen Fisch sehr stolz und wollte unbedingt ein Foto von ihm haben. An einem heißen Tag wie diesem musste es aber schnell gehen. Mein Begleiter hatte bereits die Kamera scharfgestellt und drückte sofort ab, als ich den Fisch für einen kurzen Moment aus dem Wasser hob.

Ich halte den Fisch so, dass kein Druck auf empfindliche Organe entsteht.

Sicherheit am Wasser

Achte immer auf einen sicheren Stand! Manche Ufer sind sehr rutschig.

Haken lösen und freilassen

Behandle jeden Fisch so sanft wie möglich, unabhängig von seiner Größe. Berühre ihn nur mit nassen Händen, damit seine schützende Schleimschicht nicht zerstört wird.

Mit der Zeit bekommst du ein Gefühl dafür wie du einen Fisch halten musst.

1 Wenn du einen Fisch aus dem Wasser hebst, musst du ihn so halten, dass er sich nicht losschlagen kann und auf den Boden fällt. Du darfst ihn aber nicht zu stark drücken, sonst könntest du lebenswichtige Organe quetschen.

2 Als Rechtshänder hältst du den Fisch in der linken Hand und löst den Haken mit den Fingern der anderen Hand. Das geht problemlos, wenn du den Widerhaken angedrückt hast. Mit einer kleinen Lösezange ist es noch einfacher.

Ruhig bleiben

Bleib ruhig, wenn du einen Fisch in den Händen hältst und gerate nicht in Panik, wenn er versuchen sollte sich freizuschlagen.

3 Ein kritischer Moment. Du willst zwar den Fisch ins Wasser zurücksetzen, musst aber dabei auch auf deine Sicherheit achten. An einem hohem Ufer suchst du eine geeignete Stelle an der du bis zum Wasser hinunterkommst. Wenn möglich, sollte ein Freund neben dir stehen und dir helfen.

4 Halte den Fisch aufrecht mit dem Kopf gegen die Strömung und warte bis er selbsttätig davonschwimmt. Lasse ihn nie einfach abtreiben, solange er sich noch nicht erholt hat. Er würde sicherlich sterben. Weißfische kannst du zur Erholung auch in die weichen Wasserpflanzen legen.

Hakenlösen im Wasser

Falls du beim Angeln watest, kannst du einen Fisch sehr schnell wieder - freilassen, ohne ihn überhaupt aus dem Wasser zu nehmen. Außer wenn es sich um einen besonderen Fisch handeln sollte, von dem du vielleicht ein Foto möchtest, löst du den Haken bereits im Wasser und lässt den Fisch wieder schwimmen. Eventuell musst du ihn solange halten bis er wieder fit ist.

1 Dieser Döbel ist erschöpft und bereit zur Landung. Der Angler bringt ihn aber nicht erst ans Ufer, um ihn dort gebührend zu bewundern, sondern gibt ihn sofort seinem Element zurück. Damit erspart er dem Fisch eine Menge Stress.

Der Fisch liegt ausgedrillt auf der Seite. Der Angler kann jetzt den Haken lösen.

2 Für einen so kleinen Fisch braucht man nicht einmal ein Landenetz. Senke die Rute etwas, um die Spannung von der Schnur zu nehmen, dann kann der Haken mit den Fingern gelöst werden. Ohne Widerhaken ist das ein Kinderspiel. Unterstütze den Fisch mit der freien Hand.

3 Der Fisch kann zurückgesetzt werden, ohne dass er aus dem Wasser genommen wurde. Der Angler hält ihn mit dem Kopf gegen die Strömung, damit sauerstoffreiches Wasser durch seine Kiemen strömt. Wenn er sich lebhaft zu bewegen beginnt, ist der Moment gekommen ihn freizugeben.

Bunte Welt der Fische

In den Süß- und Salzwassern der Erde schwimmen etwa 20 000 verschiedene Fischarten. Selbst wenn er in seinem ganzen Leben nur einen winzigen Bruchteil davon fangen wird, ist es für einen Angler äußerst interessant und lohnend, soviel wie möglich über die Fische und ihre Welt unter Wasser zu lernen und in Erfahrung zu bringen.

Die Flossen des Hechtes sind mit Tarnflecken versehen.

Der dunkle Punkt an der Rückenflosse ist typisch für den Bluegill.

Die großen Flossen helfen dem Bluegill rasch zu beschleunigen.

Bluegill (Sonnenbarsch)

Bluegills gehören zu den beliebtesten Sportfischen Nordamerikas. Obwohl sie nicht sehr groß werden, sind sie gute Kämpfer und können mit der Fliege, mit kleinen Spinnern und nicht zu großen Naturködern gefangen werden. Krautbetten und Baumwurzeln sind gute Plätze.

Wildfische besitzen schön ausgeformte Schwanzflossen.

Die Kraft des Karpfens steckt in seiner großen Schwanzflosse.

Karpfen

Der Karpfen ist einer der populärsten Süßwasserfische in Europa. Er wird bis zu 30 kg schwer, ist schwer zu überlisten und an der Angelrute ein ausdauernder Kämpfer. Man fängt ihn am Grund, aber auch mit einem Schwimmköder direkt an der Wasseroberfläche.

Der lange muskulöse Körper des Störs strotzt vor unbändiger Kampfkraft.

Mit seiner spitz zulaufenden Schnauze gräbt der Stör im Gewässerboden nach Nahrung.

Stör

Es gibt rund zwanzig verschiedene Störarten und viele von ihnen werden mit Rute und Rolle gefangen. Die Fische können ein Gewicht von über 140 kg erreichen und werden meistens mit starkem Meeresgerät bezwungen.

Den scharfen Augen des Hechtes entkommt keine Bewegung vor und über ihm.

Unregelmäßige Tarnflecken lösen die Silhouette des Hechtes auf.

Große Brustflossen sorgen für hohe Wendigkeit.

Hecht

Einer der beliebtesten Raubfische in der nördlichen Hemisphäre. Zwanzigpfünder sind nicht selten, aber auch ein Gewicht bis zu über vierzig Pfund ist möglich. Hechte kommen in Fließgewässern und Stillwassern vor. Suche sie bei Krautbetten, Schilfbänken, Felsen und versunkenen Bäumen.

Lachs

Es gibt keinen erstaunlicheren Fisch als den Lachs. Er lebt im Meer und kommt zum Laichen in das Süßwasser der Flüsse zurück. Selbst relativ hohe Wasserfälle überwindet er im Sprung.

Döbel haben große, wie Messing schimmernde Schuppen und eine rundliche Körperform.

Döbel

Ein sehr beliebter mittelgroßer europäischer Süßwasserfisch, der mit einer Vielzahl von Ködern zu jeder Jahreszeit gefangen werden kann.

Durch die große Maulöffnung kann die Forelle große Insekten und kleine Fische verschlingen.

Bachforelle

Ein Fisch, der in Europa in über fünfzig verschiedenen Formen vorkommt. Bei Anglern außerordentlich beliebt. Alte Exemplare sind sehr vorsichtig und schwer zu fangen.

Die Rückenflosse ist zweigeteilt. Der vordere Teil besitzt scharfe Stacheln, der hintere weiche Strahlen.

Schwarzbarsch

Einer der populärsten Sportfische in Nordamerika. Wegen seiner Bereitschaft sich entschlossen auf alle möglichen Arten von Ködern zu stürzen wurde er rund um die Welt verbreitet.

Der Schwarzbarsch zeichnet sich durch einen hohen, fleckig-grünen Körper und eine deutlich sichtbare Seitenlinie aus.

Das undurchsichtige Auge des Zander macht einen milchigen Eindruck.

Zander

Der Europäische Zander ist mit dem Nordamerikanischen Walleye eng verwandt. Beide Arten können 7–9 kg schwer werden und sind besonders in der Dämmerung, aber auch mitten in der Nacht aktiv. Kleine tote Fische oder mittelgroße Blinker und Wobbler sind gute Köder.

Angeln weltweit

Das tolle am Angeln ist, dass man es fast überall auf der Erde ausüben kann. Mit wachsender Erfahrung möchtest du auch an anderen Orten fischen, neue Herausforderungen bestehen, unbekannte Fische überlisten und neue Tricks erlernen. Egal wie lange du schon angelst, es gibt immer noch unbekannte Gewässer zu entdecken.

Wilde Flüsse

Die unverbauten wilden Flüsse dieser Erde sind für Spinn- und Fliegenfischer eine enorme Herausforderung. Hier zeigt sich wer sein Metier beherrscht und es fertigbringt die kampfstarken Fische dieser urigen Gewässer zu bezwingen. Gerät und Angeltechnik müssen exakt aufeinander abgestimmt sein.

Fliegenbinden

Was gibt es schöneres als an den langen dunklen Winterabenden seine eigenen Fliegen zu binden. Es ist eine Wissenschaft für sich, aus ein bisschen Wolle und ein paar Federchen genaue Imitationen natürlicher Insekten zu erschaffen. Den ersten Fisch an einer selbstgebundenen Fliege vergisst man nicht so schnell.

Mächtiger Mahseer

Dieser Angler strahlt über beide Backen. Kein Wunder bei diesem Fang! Der riesige Mahseer wurde in einem der großen Flüsse Südindiens gehakt und nach einem Kampf von eineinhalb Stunden im schnellen Wasser gelandet. Das Gewicht betrug über 40 kg und bedeutete einen neuen Rekord für diesen Fluss.

Vor hundert Jahren verwendeten britische Offiziere in Indien die großen Schuppen des Mahseer als Spielkarten.

Bootsfischen

Mit wachsender Erfahrung möchtest du es auch weiter draußen probieren. Das Angeln vom Boot erfordert aber eine ganze Menge Praxis. Und einen großen Fisch an Bord zu holen ist nicht so einfach wie es auf dem Bild aussehen mag. Beide Bootspartner müssen perfekt zusammenspielen.

Im Boot darfst du nichts übereilen. Jeder Handgriff muss sitzen. Und vergesse auf keinen Fall eine Sicherheitsweste zu tragen.

Angeln in der Wildnis

Vielleicht hat vor mir an diesem Fluss im Himalaya in Nepal noch nie ein Europäer gefischt. Tiefes Wasser und viele Felsen im Uferbereich zwischen denen sich zahlreiche Beutefische tummeln, machen diesen großen Pool zu einem idealen Angelplatz für die hier heimischen Riesenwelse.

Tropische Meere

Vielleicht gehörst du irgendwann einmal zu den Glücklichen, die Gelegenheit haben in den exotischen Meere rund um den Äquator auf eine Vielzahl von verschiedenen Fischarten zu angeln. Die Flachwasserzonen in den heißen Gebieten dieser Erde sind nahrungsreicher als in den kälteren Regionen und bieten eine abwechslungsreiche Fischwaid. Hier hat ein Snapper einen Wobbler genommen.

Nachtwache

Nichts geht über die Ruhe und den Frieden in der Dunkelheit am Wasser. An klaren sichtigen Gewässern verlieren die Fische jetzt ihre gewohnte Vorsicht und kommen nahe ans Ufer.

Etikette

Denke immer daran, dass du ein Repäsentant unserer Passion bist. Nach deinem Auftreten und Benehmen am Wasser werden auch andere beurteilt. Halte dich deshalb auch genau an die Spielregeln des Gewässereigners. Vermeide es durch leichtsinniges Verhalten dich oder andere zu gefährden. Erfreue dich an der Natur, aber gehe schonend mit ihr um.

Kanufahrer

Halte dir immer vor Augen, dass wir die Gewässer mit Badegästen, Spaziergängern, Seglern, Wasserskiläufern und Tauchern teilen. Kanufahrer werden auf vielen Flüssen als Problem angesehen, aber tatsächlich lassen sich die Fische relativ wenig von ihnen stören.

Eisvogel

Wenn du ruhig am Ufer sitzt saust möglicherweise ein Eisvogel wie ein blauer Blitz an dir vorüber. Vielleicht landet er sogar für einen kurzen Moment auf deiner Rutenspitze. Ein seltenes Naturerlebnis, das du zu schätzen wissen solltest.

In der Morgen- oder Abenddämmerung kann urplötzlich ein Otter auftauchen.

Fischotter

Otter sind ziemlich groß und sehr scheu. Verwechsle sie nicht mit dem frechen Mink, der an manchen Flussufern recht häufig auftreten kann. Ein Otte ist ein sicheres Zeichen, dass das Gewässer einen guten Fischbestanc hat. Du kannst dir gratulieren, falls du einen der ulkigen Gesellen zu Gesicht bekommst, denn wenn du ihn eher entdeckst als er dich, hast d dich wirklich vorbildlich ruhig und unauffällig verhalten.

Weidetore

Schließe alle Weidetore sorgfältig hinter dir, damit Pferde, Rinder oder Schafe nicht ausbrechen können. Achte darauf, dass die Verriegelung richtig eingerastet ist und das Tor nicht durch eine plötzliche Windböe oder ein Tier geöffnet werden könnte.

Naturbewusst

Bleibe auf den ausgewiesenen Pfaden und Wegen, gerade wenn sie durch Felder und Wiesen zum Wasser führen. An manchen Ufern sind Überstiege an Zäunen vorhanden. Halte deinen Hund an der Leine falls Tiere in der Nähe sind. Verzichte bei windigem Wetter auf ein offenes Feuer.

Vorsicht! Bei Regen können Überstiege aus Holz sehr rutschig sein.

Todesfalle

Lass keine alte Angelschnur herumliegen, kleine Säugetiere und Vögel könnten sich darin verstricken und ein qualvoller Tod wäre ihnen gewiss. Vergesse auch keine beköderten Haken am Ufer, sie würden möglicherweise von einem herumpickenden Vogel gefunden.

Weggeworfene Nylonschnur verrottet jahrelang nicht.

Lärm

Geräusche werden übers Wasser besonders weit getragen. So kannst du von Anglern gehört werden, die sehr weit entfernt scheinen. Verhalte dich also ruhig und lasse vor allem kein Radio plärren. Fast alle Angler suchen Ruhe vor dem Alltag und wollen am Wasser nicht daran erinnert werden.

Achte auf Weidetiere.

Hinweistafeln

Sie werden nicht umsonst aufgestellt. Wenn du etwa gebeten wirst, nur vier Fische zu entnehmen, solltest du dich unter allen Umständen daran halten. Andere Tafeln können auf tiefes Wasser, schlüpfrige Ufer oder auch niedrige Stromleitungen hinweisen.

Hinweistafeln lesen!

Kleines Lexikon

Hier noch ein paar Fachausdrücke, denen du immer wieder begegnen wirst:

A

Aktion Biegekurve einer Rute. Eine »vollparabolische« Rute biegt sich bis zum Handteil und bildet dann einen Halbkreis. Als »semiparabolisch« wird eine Biegung bezeichnet die etwa bis zur Mitte und ein wenig darüber hinaus reicht. Bei der »Spitzenaktion« biegt sich nur der Spitzenbereich. Der Rest bleibt relativ steif.

Anfüttern Ausbringen von Lockfutter, um die Fische an den Angelplatz zu gewöhnen.

Anhieb Das Setzen des Hakens im Fischmaul. Nicht übertreiben! Ein zügiges aber gefühlvolles Heben der Rutenspitze genügt meistens.

Arterienklemme Wird zum Lösen von Haken aus dem Fischmaul verwendet.

Avon Float Eine Pose für schnelles Wasser mit ausgeprägten Auftriebskörper.

B

Backing Eine feine geflochtene Schnur, die unter die Fliegenschnur auf die Rolle gezogen wird. Sie dient als Umfütterung des Spulenkerns und Reserve bei großen kampfstarken Fische.

Barteln Feine Fühler am Maul von Fischen wie Barben oder Welsen.

Blank Engl. Ausdruck für Rohling

Bleischrot Kleine Bleikügelchen in verschiedenen Größen zum Austarieren von Posen und Beschweren von Ködern.

Boilies Kleine gekochte Köderbällchen. Zutaten sind: Eier, Soya, Geschmackstoffe, Färbemittel u. a.

Bremse Reguliert den Schnurabzug von der Rolle. Durch ein fein einstellbares und gleichmäßig arbeitendes Bremssystem kann auch ein stärkerer Fisch sicher müde gedrillt werden.

C

Casters Verpuppte Maden.

Centrepin Ein einfacher Rollentyp zum Grund- und Posenfischen bei dem die Spule quer zur Rute weist. Wird nur noch selten benutzt. Fliegenrollen sind ebenso aufgebaut.

Cocktail Kombination aus zwei oder mehr verschiedenen Ködern an einem Haken

Controller Spezielle Pose zum Angeln mit Oberflächenködern für große Wurfweiten und sensible Bissanzeige

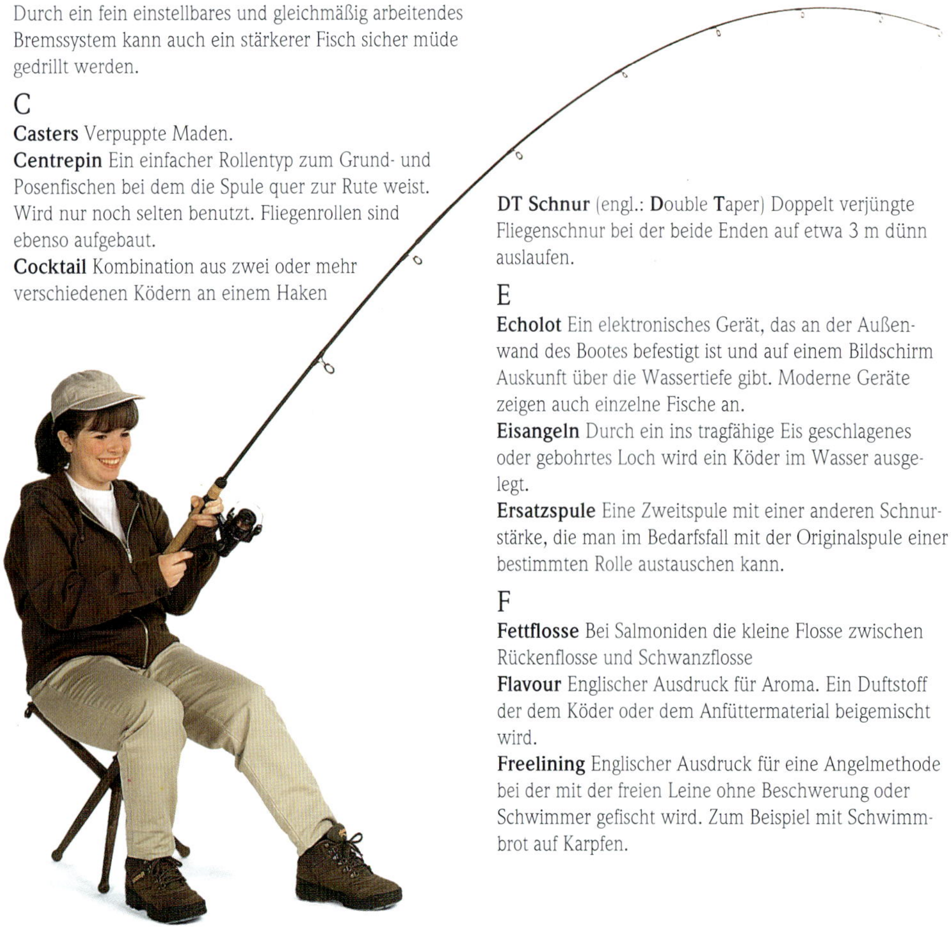

D

Dip Stark aromatisierte Flüssigkeit zum Eintunken von Ködern

Downrigger Eine Vorrichtung, um Kunstköder wie Blinker und Wobbler sehr tief schleppen zu können. Wird an großen Seen angewendet.

Drall Unerwünschtes Verdrehen der Schnur beim Spinnfischen oder durch falsches Aufwickeln der Leine.

Dreibein Rutenständer

Drilling Dreifachhaken. Findet man normalerweise an Blinkern, Spinnern und Wobblern. Wegen der hohen Verletzungsgefahr für kleine Fische sollten sie besser durch Einfachhaken ersetztwerden.

DT Schnur (engl.: **D**ouble **T**aper) Doppelt verjüngte Fliegenschnur bei der beide Enden auf etwa 3 m dünn auslaufen.

E

Echolot Ein elektronisches Gerät, das an der Außenwand des Bootes befestigt ist und auf einem Bildschirm Auskunft über die Wassertiefe gibt. Moderne Geräte zeigen auch einzelne Fische an.

Eisangeln Durch ein ins tragfähige Eis geschlagenes oder gebohrtes Loch wird ein Köder im Wasser ausgelegt.

Ersatzspule Eine Zweitspule mit einer anderen Schnurstärke, die man im Bedarfsfall mit der Originalspule einer bestimmten Rolle austauschen kann.

F

Fettflosse Bei Salmoniden die kleine Flosse zwischen Rückenflosse und Schwanzflosse

Flavour Englischer Ausdruck für Aroma. Ein Duftstoff der dem Köder oder dem Anfüttermaterial beigemischt wird.

Freelining Englischer Ausdruck für eine Angelmethode bei der mit der freien Leine ohne Beschwerung oder Schwimmer gefischt wird. Zum Beispiel mit Schwimmbrot auf Karpfen.

G

Gaff Landungshaken für große Fische. Wird vor allem beim Meeresangeln eingesetzt, um große Fische über die Bordwand zu ziehen.

Geflochtene Schnur Leine aus feinen geflochtenen Kunststoffäden. Sie besitzt bei gleichem Durchmesser eine erheblich höhere Tragkraft als eine Monofilschnur. Sie dehnt sich kaum und hat besonders Vorteile beim Meeresfischen in großen Tiefen.

Glasfaser Das Vorgängermaterial von Kohlefaser im Rutenbau. Robust aber relativ schwer. Wird heute immer seltener verwendet.

Gespließte Rute Früher wurden Ruten aus einzeln gehobelten und dann zusammengesetzten Bambusspließen gefertigt. Manche teure Fliegenruten werden heute noch so hergestellt.

Grundköder Köder der direkt auf dem Grund abgelegt wird.

Gumpen Von der Strömung ausgetiefte Stelle. Hervorragender Fischstandplatz.

H

Haarmethode Montage eines Karpfenköders bei der der Köder an einem Stück Schnur (Haar) wenige Zentimeter hinter dem freien Haken aufgefädelt wird. Ein mißtrauischer Karpfen kann den Köder einsaugen ohne den Haken zu spüren.

I

Innenschnurführung Seit einiger Zeit gibt es wieder eine Neuauflage einer alten Erfindung. Die Schnur wird statt über äußere Laufringe durch das Innere der Rute geführt.

J

Jerkbait Beschwerter Wobbler ohne Tauchschaufel

Jig Ein beschwerter Köder, der mehr oder weniger senkrecht auf und ab gezupft wird. Beliebte Technik beim Eisangeln.

K

Kampfgurt Hilfsmittel beim schweren Meeresangeln. Ein Gürtel mit einer Vorrichtung, in der das Ende einer starken Meeresrute beim Drill starker Fische abgestützt werden kann.

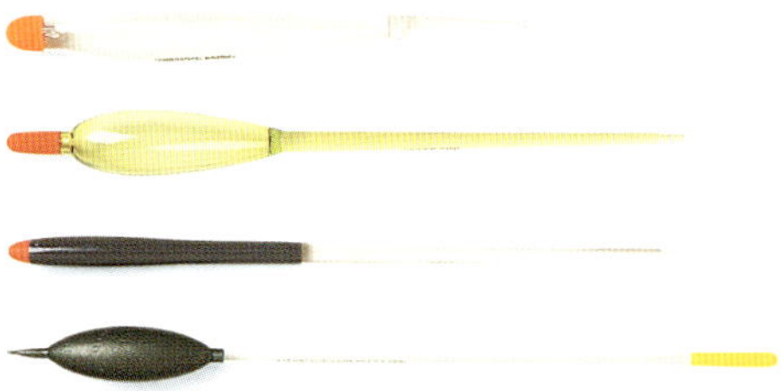

Kehrwasser Eine Gegenströmung, die durch eine Ausbuchtung im Ufer oder im Wasser liegende Hindernisse zustande kommt. In der Regel eine sehr vielversprechende Stelle.
Kescher Landenetz
Knarre Teil des Bremssystems, das sich beim Abziehen eines Fisches geräuschvoll bemerkbar macht.
Kohlefaser Ein sehr leichter und zäher Kunststoff, der vor allem für Ruten aber auch Angelrollen verwendet wird.
Kunstköder Blinker, Spinner, Wobbler, Plastikfrösche u. ä.

L

Laichbett Ort der Eiablage durch die weiblichen Fische. Salmoniden schlagen gewöhnlich mit der Schwanzflosse eine Kuhle in den Kiesgrund und legen dort ihre Eier ab. Hinterher wird die Vertiefung zum Schutz der Eier mit Kieseln zugedeckt.
Lb Abkürzung für ein englisches Pfund (1 Pound = 1 lb = 453 g). Mehrzahl: lbs. Die Schreibweise kommt vom lateinschen Libra (Pfund). Ausgesprochen wird es aber »paund«. Oft wird die Tragkraft einer Schnur bzw. die Testkurve einer Rute in lbs angegeben.
Leerwurf Der Vor- oder Rückschwung mit der Fliegenrute ohne daß die Schnur auf dem Wasser abgelegt wird. Dient zum Verlängern der Leine oder zum Trocknen der Fliege.

M

Menden Das Umlegen der Fliegenschnur auf dem Wasser oder bereits in der Luft, um etwa einen Bogen in die Schnur zu legen.
Milchner Männlicher Fisch
Monofil Einsträhnige Nylonschnur
Multiplikationsrolle Kurz »Multi-Rolle« genannt. Die Spule ist quer zur Rute angebracht und rotiert beim Abziehen von Schnur. Robuste Rollenart, die gerne zum Meeresfischen und Schleppangeln eingesetzt wird.

N

Nassfliege Ein künstliches Insekt das allgemein in den oberen Wasserschichten gefischt wird.
Nymphe Künstliche Insektenlarve. Wird in allen Tiefen eingesetzt.

P

Pilker Schwerer Meeresblinker. Wird meist knapp über Grund wie ein Jig auf und ab gezupft
Polarisationsbrille Sonnenbrille mit einem speziellen Filter, der die Reflexionen auf der Wasseroberfläche reduziert. Unerlässliches Hilfsmittel für Fliegenfischer.
Pool (Gumpen.
Pop up Schwimmender Boilie
Prallufer Außenkurve in einem Fluss, dort wo die Strömungsgeschwindigkeit am höchsten ist

R

Rieselstrecke Flacher schnellfließender und sauerstoffreicher Bereich über Steinen und Kiesgrund. In der Sommerhitze ziehen Forellen und Äschen dorthin.
Rodpod Engl. Ausdruck für einen speziellen Rutenhalter für mehrere Ruten.
Rogner Weiblicher Fisch
Rohling Blank. Der Glas- oder Kohlefaserstab einer Rute ohne Ringe, Griff und Rollenhalter. Bastler kaufen sich einen Rohling und bauen sich eine Rute nach ihren eigenen Bedürfnissen.
Rollenhalter Damit wird die Rolle an der Rute befestigt.

S

Schleppangeln Ein Kunstköder oder toter Köderfisch wird hinter einem fahrenden Boot hergezogen.
Schlupf Bezeichnung dafür, wenn Insekten in größerer Anzahl an der Wasseroberfläche aus ihrer Nymphenhaut schlüpfen. Führt in der Regel zu verstärkter Fressaktivität der Fische.
Schnurfangbügel Metallbügel an einer Stationärrolle. Dient zum Einfangen und Aufrollen der Schnur
Schnurlaufröllchen Kleines konkaves Umlenkröllchen am Schnurfangbügel der Stationärrolle. Es führt die Schnur auf die Spule.
Schonzeit In der Regel die Laichzeit einer bestimmten Fischart, in der das Angeln auf sie untersagt ist.
Schuppe Harte dünne Knochenplatte, die den Körper des Fisches schützt. An den Jahresringen kann das Alter des Fisches festgestellt werden.
Schwimmschnur (Floating-Line) Eine Fliegenschnur, die aufgrund eingelagerter Gasbläschen auf der Wasseroberfläche schwimmt.
Sinkschnur Fliegenschnur, die aufgrund von eingelassenem Metallstaub absinkt. Wird benutzt, um Streamer und Lachsfliegen unter Wasser anzubieten. Erhältlich in verschiedenen Sinkgeschwindigkeiten.
Spinnerbait Leichter Kunstköder zum Fischen in verkrauteten Bereichen. Verhängt sich nicht so leicht wie andere Köder.

Spule Rollenteil auf dem die Schnur aufgewickelt wird.
Standplatz Bevorzugter Aufenthaltsort eines Fisches wo er Schutz oder Nahrung findet.
Stationärrolle Rollentyp mit fester, längs zur Rute stehender und nicht rotierbarer Spule. Ein Rotor umkreist die Spule und wickelt die Schnur auf.
Streamer Künstliche »Fliege« die einen kleinen Fisch, Blutegel o. ä. imitiert.

T

Teleskoprute Zu Transportzwecken in sich zusammenschiebbare Angelrute
Testkurve Die Kraft um eine Rute um 90° zu beugen. Je mehr Kraft aufgewendet werden muß, desto stärker ist die Rute.
Trockenfliege Eine künstliche Fliege, die schwimmend auf der Wasseroberfläche angeboten wird.
Twister Gummischwanz mit Bleikopf, der in einer jigähnlichen Bewegung geführt wird.

V

Vorfach Ein in der Regel dünneres Stück Monofil am Ende der Hauptschnur, an dem der Haken befestigt ist. Beim Fliegenfischen ein sich verjüngendes etwa drei bis vier Meter langes Stück Monofil nach der Fliegenschnur.

W

Wasserkugel Mit Wasser befüllbare durchsichtige Kunststoffkugel. Wird als Pose und Wurfgewicht vor allem für Oberflächenköder oder das Fischen mit Fliegen an der Spinnrute verwendet.
Watkescher Landenetz mit kurzem Handgriff, das der Fliegenfischer am Gürtel mit sich trägt.
WF Schnur (engl. **W**eight **F**orward) Fliegenschnurtyp, auf deutsch auch Keulen- oder Torpedoschnur genannt. Der vordere dickere und schwerere Teil bildet das Wurfgewicht.
Widerhaken Um untermaßige Fische zu schonen sollte er angedrückt werden.
Wirbel Rotierbare Drahtöse mit hoher Tragkraft, die in der Schnur zwischengeschaltet wird, um ein Verdrallen zu verhindern.
Wurfgewicht Maximalgewicht mit dem die Rute beim Werfen belastet werden soll. Ist am Rutenblank angegeben.

Z

Zitterspitze Ein dünnes sehr bewegliches Kunststoffstäbchen, das in der Rutenspitze eingesetzt wird und zarteste Bisse anzeigt.

Register

Der Verlag möchte den nachfolgend genannten Personen seinen Dank für die Mithilfe bei der Entstehung dieses Buches aussprechen:

Allen jungen Angler und ihren Familien für ihren Idealismus und ihre Geduld während der Fototermine; Ken Aske für seine Hilfe bei der Modellsuche; Mike Taylor und Wendy Vane-Percy für die Verpflegung und Unterkunft; Gary Barclay und Drennan International, Harris Angling, Sportfish und Farlow´s für die Bereitstellung des Angelgerätes; John Partridge Limited für die eingehende Beratung; Andy Komorowski für die fotografische Unterstützung; Joanna Buck, Lee Simmons und Selina Wood für die redaktionelle Unterstützung und Piers Tilbury für die Umschlagsgestaltung.

Bildnachweise:
Der Herausgeber bedankt sich bei nachfolgenden Personen für die Erlaubnis der Bildveröffentlichung:
o = oben, *m* = Mitte, *u* = unten, *l* = links, *r* = rechts, *t* = top.

Ancient Art & Architecture Collection: 5*mlu;* John Bailey: 4*mru, mro, ml, tl;* 5*u;* 38*tr;* 42*mr, u,* 42–43*tm,* 43*uml;* 44*ul, m,* 44–45*tm;* Andrew Besley Photolibrary: 34–35*m;* Biofotos: 34*ul;* Richard T. Bryant: 9*ml,* 40*m,* 40–41*u;* Kevin Cullimore: 20*m,* 21*tr,* 26*tr;* Mary Evans Picture Library: 5*mr;* E.T. Archive: 5*tl;* Robert Harding Picture Library: Michel le Coz 32*tr;* Johnny Jensen: 42*u;* JPH Foto: 9*mru,* 24*ml, ur,* 25*ur, tl,* 27*tr,* 35*tr;* NHPA: Agence Nature 42*ml;* OSF: Richard Davies jacket, p6–7; Oxford Scientific Films: E.R. Derringer 9*mro;* Andreas Hartl Okapia 9*tr;* Colin Milkins 9*ur;* Peter Parks 7*mo;* Planet Earth Pictures: Paulo de Oliveira 35*tl;* Linda Pitkin 34*tr;* John F. Seagrim 34*ml;* James D. Watt 43*tr.*